親子でいっしょにつくろう！
わくわくおりがみ

丹羽兌子・宮本眞理子 著

成美堂出版

こおりのうえでもへっちゃら！
なんきょくのペンギン

ペンギン 106ページ

はこ 172ページ
（おおきいはこは25×25cm）

しろやみずいろのかみでつくったはこのうえにペンギンを
のせると、まるでこおりのうえにたっているみたい！

おはながなが〜い なかよしおやこ♪ ぞうのおやこ

ぞうのおやこがおさんぽちゅう。きをいっしょに
かざって、おへやをぞうのすむせかいにイメチェン！

ぞう 90ページ
（こぞうは7.5×7.5cm）

のりものタウン

★だいすきなのりものがいっぱいだ〜！★

ほんものみたいにつくっちゃおう！

いろんなのりものがあつまる、のりものタウンへようこそ！すきないろやもようのかみでたくさんつくろう♪

ロケット 119ページ

ひこうき 122ページ

き 137ページ

きかんしゃ 116ページ

でんしゃ 114ページ

どんどんながくしよう

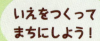

いえをつくってまちにしよう！

いえ 134ページ

バス 108ページ

くるま 110ページ

きょうりゅうたちが おおあばれ！
きょうりゅうワールド

きょうりゅうがいたじだいにタイムスリップ！
ブラキオサウルスはおおきなかみでおって、
はくりょくをだそう！

プテラノドン 127ページ

やま 133ページ
(25×25cm)

ブラキオサウルス 130ページ
(25×25cm)

ティラノサウルス  124ページ

『うさぎとかめ』

ゴールをめざして、ヨーイドン！ うさぎには「にんぎょう」のからだをつけよう♪

どんなおはなし？
うさぎとかめがかけっこでしょうぶ！ かめがおそいので、うさぎはゆだんしてひとねむり。そのあいだに、かめはどんどんさきにすすんで……

うさぎのかお 81ページ
うさぎのからだ 49ページ（にんぎょう）
やま 133ページ
かめ 100ページ

『シンデレラ』

まほうのちからで、シンデレラもかぼちゃもすてきにへんしん★ 「かぼちゃ」のめとくちは、まどやかざりにして、おしゃれなばしゃにしよう！

どんなおはなし？
おしろのパーティにいかせてもらえないシンデレラ。まほうつかいがまほうをかけると、シンデレラはおひめさまのようにだいへんしん！

うま 56ページ（アクロバットホース）
かぼちゃ 198ページ（ジャック・オー・ランタンのおかしいれ）
かみをきっておうかんに！
シンデレラ 58ページ（きせかえあそび）
うまとばしゃはひもでつなごう！
しゃりん 118ページ（きかんしゃ）

きせつをたのしもう！

ひなまつり

わふうのおりがみで、おだいりさまとおひなさまをつくろう！

おひなさま (203ページ)

さくらのき

ピンクのかみできのはっぱをつくろう♪

き (137ページ) (25×25cm)
さくら (170ページ) (3.75×3.75cm)

「だいすき」のきもちをつたえよう！ ははのひ

しゃしんたて (190ページ)
ははのひカーネーション (196ページ)
えんぴつのおてがみ (188ページ)
リボン (72ページ)(ちょうネクタイ)

おもいをこめて、おかあさんにプレゼント！ しゃしんたてには、にがおえをかいていれてもいいね♪

「ありがとう」のきもちをこめて！ ちちのひ

ネクタイ (74ページ)
うでどけい (68ページ)
みみつきふうとう (189ページ)

おとうさんには、どんなネクタイやうでどけいがにあうかな？もようのはいったおりがみでつくってもいいね★

たんごのせっく

いろをかえて、めをつければ「こいのぼり」に！たけぐしなどにのりでつけよう♪

はしおき (192ページ)

うまにのったぶし、「きぱむしゃ」

かぶと (63ページ) (7.5×7.5cm)
やっこさん (44ページ)
うま (56ページ) (アクロバットホース)

ハロウィン

おかしをくれないと
いたずらしちゃうぞ！

こねこ 96ページ
(7.5×7.5cm)

ふね 113ページ

リボン
186ページ
(4.5×4.5cm)

おかしがたくさ〜ん！ バッグにはいりきらない
おかしは、ふねにいれちゃおう★

ジャック・オー・ランタンの
おかしいれ 198ページ

サンタクロースがやってきた！
クリスマス

クリスマスツリーはおおきなかみでつくって、
リボンやほしなどで、すきなようにかざろう！

き 137ページ (25×25cm)
ほし 185ページ (2×2cm)
リボン 186ページ (3.75×3.75cm)

くつした 206ページ (7.5×7.5cm)
はこ 172ページ (7.5×7.5cm)
サンタクロース 204ページ

おにはそと！
ふくはうち！
せつぶん

とってつきの
はこ 174ページ
(20×26cm)

おにのおめん
194ページ
(25×25cm)

つよそうなおにの
おめんをつくろう。
まめいれもわすれずに！

おしょうがつ

あたらしいとしを、
ししまいでおいわい
しよう♪

くびふりししまい
50ページ

もくじ

さくひんのむずかしさ
- かんたん
- ふつう
- むずかしい
- おうちのひとにつくってもらおう

どれからおろうかニャ?

- むずかしさべつ　さくひんひょう……21
- きほんのおりかた……………………22
- きごうのみかた………………………24
- このほんのみかた……………………26

あそべるおりがみ

- 28 さかなつり
- 29 へそひこうき
- 30 ちゅうがえりひこうき
- 32 ぱっちりカメラ
- 34 くるくる
- 35 かみでっぽう
- 36 とんとんずもう
- 37 かざぐるま
- 38 つみかさねこ
- 40 ひよこのぱくぱく
- 42 ぴょんぴょんがえる
- 44 やっこさん
- 46 にんぎょう（ぶた・かえる）
- 50 くびふりししまい
- 52 ふうせん
- 54 しゅりけん
- 56 アクロバットホース
- 58 きせかえあそび

みにつけてあそぼう

- 63 かぶと
- 64 うでわ・ゆびわ
- 65 メダル
- 66 クローバーのペンダント
- 68 うでどけい
- 70 おうかん
- 72 ちょうネクタイ
- 74 ネクタイ

さくひんをつくったら、□にチェックしよう！

むずかしさべつ　さくひんひょう

このほんでは、むずかしさを4だんかいにわけているよ。
「かんたん」からおっていくと、おりがみがどんどんじょうずになるよ。
「かんたん」がおれたら、「ふつう」、「むずかしい」にちょうせんしてね！
「つくってもらおう」は、おうちのひとにおってもらおう！

「かんたん」のさくひんからつくってみるニャ♪

⭐ かんたん

- へそひこうき ……………… 29
- かみでっぽう ……………… 35
- とんとんずもう …………… 36
- かぶと ……………………… 63
- うでわ・ゆびわ …………… 64
- うでどけい ………………… 68
- ネクタイ …………………… 74
- せみ ………………………… 75
- ちょう ……………………… 80
- うさぎのかお ……………… 81
- いぬのかお1 ……………… 82
- いぬのかお2 ……………… 83
- ねこのかお ………………… 84
- かめ ………………………… 100
- くじら ……………………… 101
- やま ………………………… 133
- サンドイッチ ……………… 146
- ポテト ……………………… 148
- おにぎり …………………… 149
- きのこ ……………………… 156
- アイスクリーム …………… 157
- フォークとスプーン ……… 158
- チューリップ ……………… 165
- あじさい …………………… 166
- あさがお …………………… 167
- コップ ……………………… 171
- とってつきのはこ ………… 174
- つのこうばこ ……………… 175
- ハート ……………………… 184
- ほし ………………………… 185
- えんぴつのおてがみ ……… 188
- ねこのはしおき …………… 192
- おひなさま ………………… 203

⭐⭐ ふつう

- さかなつり ………………… 28
- ちゅうがえりひこうき …… 30
- ぱっちりカメラ …………… 32
- くるくる …………………… 34
- かざぐるま ………………… 37
- つみかさねこ ……………… 38
- ひよこのぱくぱく ………… 40
- ぴょんぴょんがえる ……… 42
- やっこさん ………………… 44
- にんぎょう ………………… 46
- くびふりししまい ………… 50
- ふうせん …………………… 52
- しゅりけん ………………… 54
- アクロバットホース ……… 56
- メダル ……………………… 65
- クローバーのペンダント … 66
- おうかん …………………… 70
- ちょうネクタイ …………… 72
- カブトムシ ………………… 76
- クワガタムシ ……………… 78
- ぞう ………………………… 90
- くま ………………………… 92
- ライオン …………………… 94
- こねこ ……………………… 96
- ダックスフンド …………… 98
- イルカ ……………………… 102
- おりづる …………………… 104
- ペンギン …………………… 106
- バス ………………………… 108
- くるま ……………………… 110
- ふね ………………………… 113
- でんしゃ …………………… 114
- きかんしゃ ………………… 116
- ひこうき …………………… 122
- おすし ……………………… 141
- ハンバーガー ……………… 144
- タコウィンナー …………… 150
- いちご ……………………… 152
- りんご ……………………… 154
- ひまわり …………………… 168
- さくら ……………………… 170
- はこ ………………………… 172
- カピバラのようじいれ …… 176
- みみつきふうとう ………… 189
- しゃしんたて ……………… 190
- おにのおめん ……………… 194
- ははのひカーネーション … 196
- サンタクロース …………… 204

⭐⭐⭐ むずかしい

- きせかえあそび …………… 58
- パンダ ……………………… 85
- ロケット …………………… 119
- ブラキオサウルス ………… 130
- いえ ………………………… 134
- き …………………………… 137
- リボン ……………………… 186
- くつした …………………… 206

🎁 つくってもらおう

- ティラノサウルス ………… 124
- プテラノドン ……………… 127
- ケーキ ……………………… 160
- ジュエリーボックス ……… 178
- ジャック・オー・ランタンの
  おかしいれ ………………… 198

21

きほんのおりかた

ここでは、きほんのおりかたをしょうかいするよ。
おっているときにわからないことがあったときは、このページをみよう！

かみをよういして
れんしゅうしても
いいニャ♪

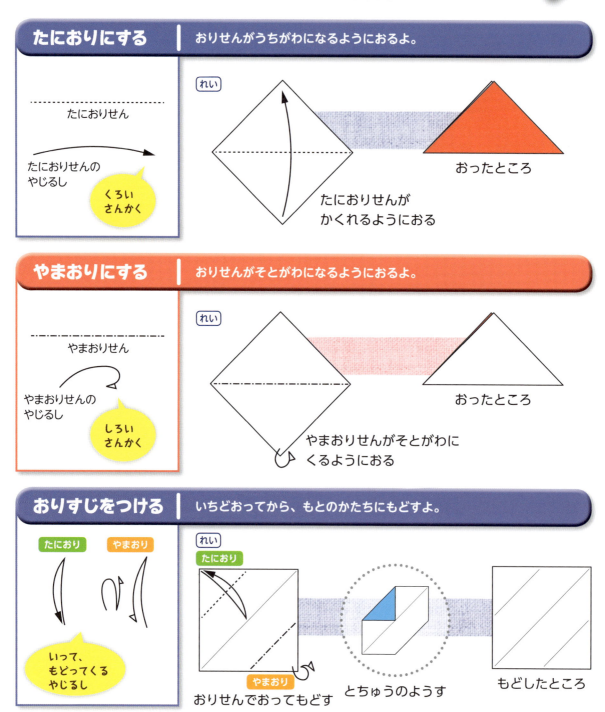

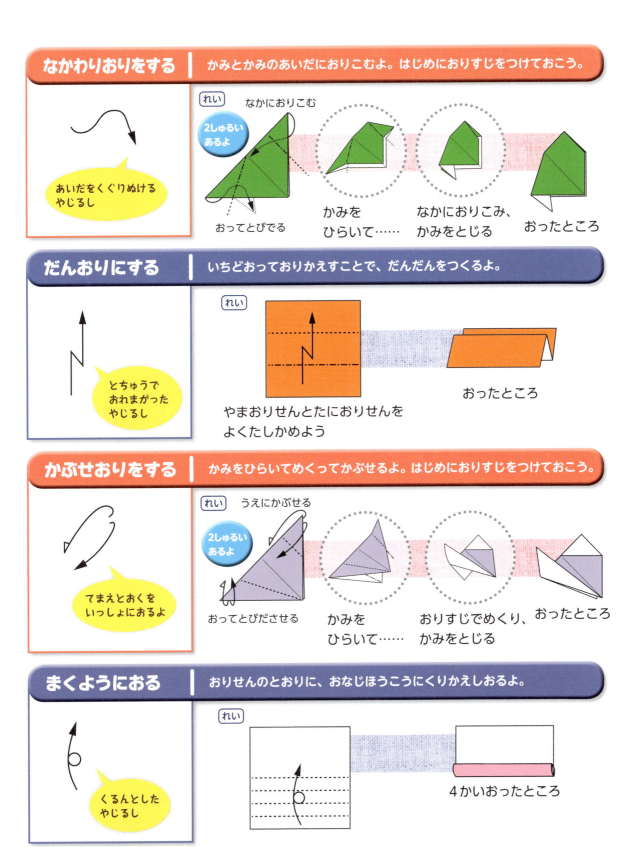

きごうのみかた

このほんにでてくる「きごう」をしょうかいするよ。
わからないきごうがあったら、このページをみてね。

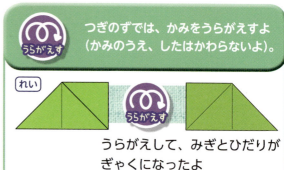

のりではる

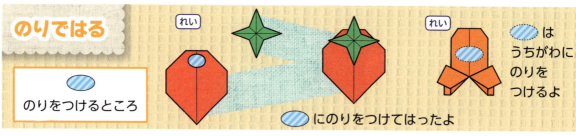

ヒントになるせん

❶おったあとのかたち
❷おるときのめやす
❸みえないところのかたち
をしめすせんだよ。

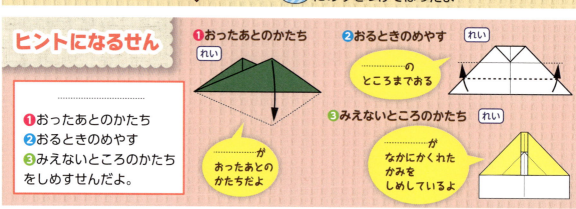

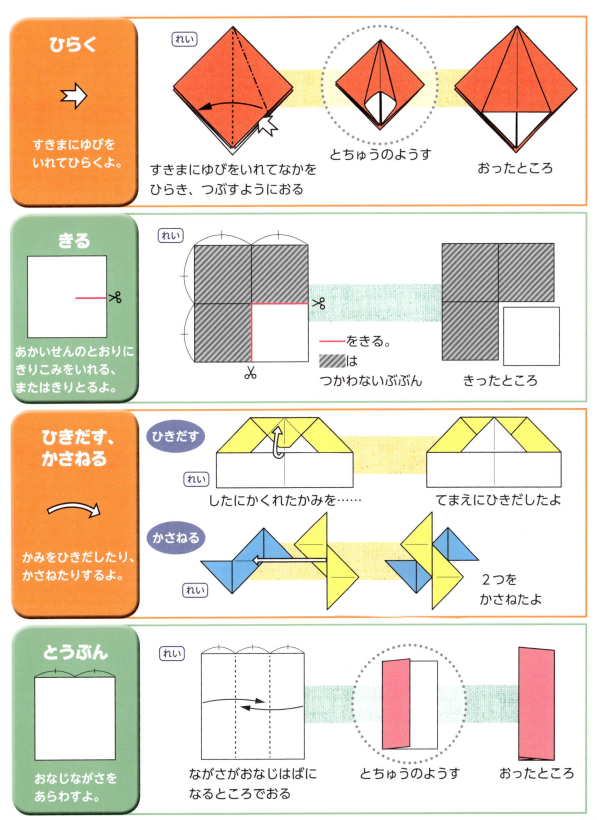

このほんのみかた

つかうおりがみ
つかうおりがみのまいすうを、おすすめのいろでのせているよ。15×15cmのかみをつかってね。ほかのおおきさのかみをつかうときは、おすすめのサイズをかいているよ。

ここがまえあしになるよ
おるときのポイントや、どのぶぶんをおっているのかをかいているよ。

わかりにくいところは、しゃしんをのせているよ。

このカドにあわせよう
おるときに、めやすになるカドやフチをあらわすよ。

むずかしいけどがんばろう！
すこしむずかしいので、おりかたや、つぎのおりずをしっかりみてからおろう。

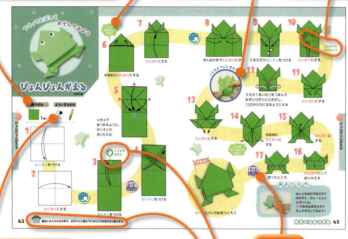

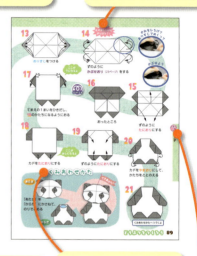

よういするもの
おりがみのほかにつかうものをのせているよ。

はさみ　のり

 セロハンテープ
 りょうめんテープ
 いろえんぴつ
 ペン
 クレヨン

わゴム　まるシール　じしゃく　ひも　ストロー　クリップ

きごう
おるためのいろいろなきごうがあるよ。24〜25ページをみてね。

 ここからおろう
おりはじめるばしょをあらわすよ。

おうちのひとによんでもらおう。もっとたのしくなるコツがかいてあるよ。

おりがみを2まいいじょうつかうさくひんは、くみあわせかたをのせているよ。

むずかしさ
「かんたん」「ふつう」「むずかしい」「つくってもらおう」の4だんかいにわけているよ。くわしくは21ページをみてね。

おりがみがじょうずになる！3つのポイント

おりがみをおるときにこの3つのポイントをおぼえておくと、おりやすくなるよ！

1 ぜんたいのながれをみよう！
さいしょからできあがりまでのずを、いちどみてからおると、どのぶぶんをおっているのか、なんのためにおっているのかがわかるよ。また、おるときはつぎのずもみて、そのかたちになるようにおるとわかりやすいよ。

2 カドやフチをあわせよう！
おるときは、カドやフチがずれないようにピッタリあわせよう。あわせたカドやフチをおさえながら、もういっぽうのてでおりめをつけるよ。

3 おりすじはしっかりつけよう！
おりすじは、ゆびでおりめをおさえて、しっかりつけよう。おりすじがしっかりついていると、つぎからのこうていがおりやすくなるよ。どこからおりはじめるのかをたしかめてね。

26

たくさんつくろう！つくりかたページ

たくさんあるニャー♪

たのしくあそべるおりがみのさくひんを
13のテーマとコラムでしょうかいするよ。
おきにいりのさくひんをみつけてみよう！

 あそべるおりがみ 28ページ

 みにつけてあそぼう 63ページ

 ほんものみたいにつくっちゃおう **こんちゅうをつくろう** 75ページ

 ほんものみたいにつくっちゃおう **どうぶつをつくろう** 81ページ

ほんものみたいにつくっちゃおう **みずのいきものをつくろう** 100ページ

 ほんものみたいにつくっちゃおう **とりをつくろう** 104ページ

 ほんものみたいにつくっちゃおう **のりものをつくろう** 108ページ

 ほんものみたいにつくっちゃおう **きょうりゅうをつくろう** 124ページ

 ほんものみたいにつくっちゃおう **たべものをつくろう** 141ページ

 ほんものみたいにつくっちゃおう **はなをつくろう** 165ページ

 いろんなものをいれよう 171ページ

 つかえるおりがみ 188ページ

 きせつのおりがみ 194ページ

コラムページ

1 くみあわせてかざろう！ 133ページ

2 くみあわせてつかおう！ 184ページ

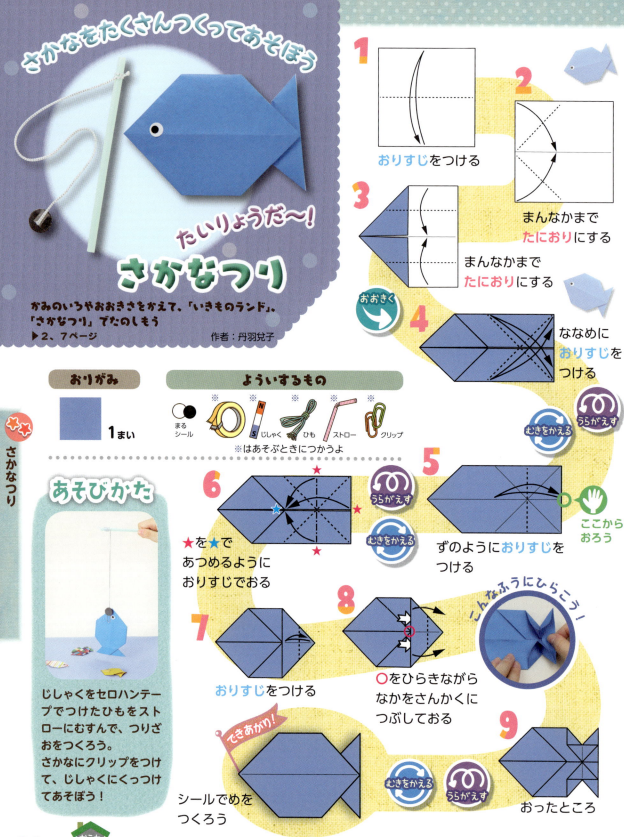

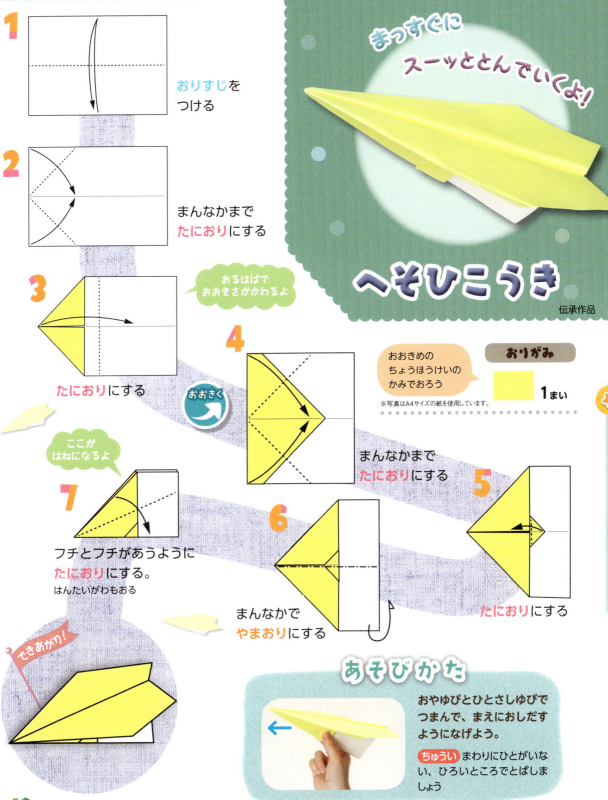

ちゅうがえりひこうき

かいてんしてもどってくる
おもしろいひこうき！

作者：丹羽兌子

ようい するもの
- おりがみ 1まい
- クリップ

うまく とばせるかニャ？

1 おりすじをつける

2 まんなかまで おりすじをつける

3 おりすじまで たにおりにする

4 たにおりにする

5 おりすじをつける

うらがえす

むきをかえる

6 まんなかで たにおりにする

7 ななめに おりすじをつける

ここからおろう

おおきく

おうちの方へ　風のないところで飛ばして遊びましょう。

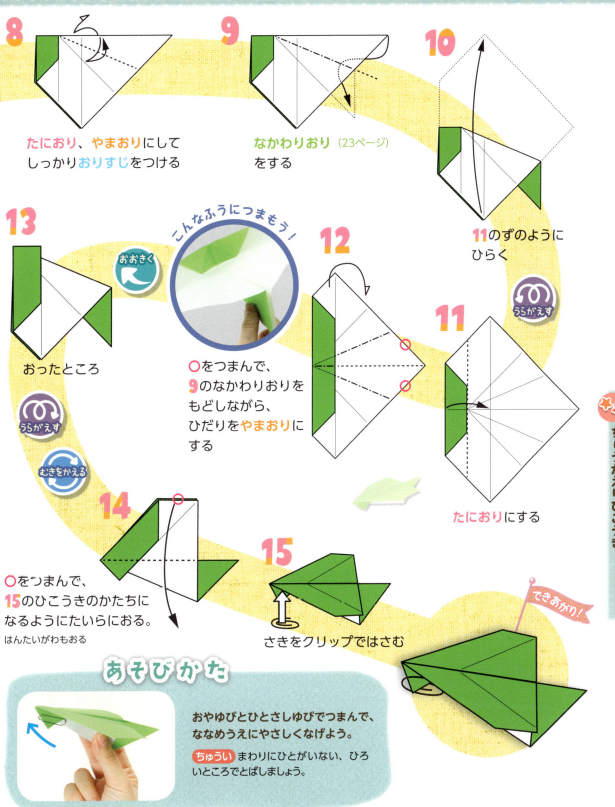

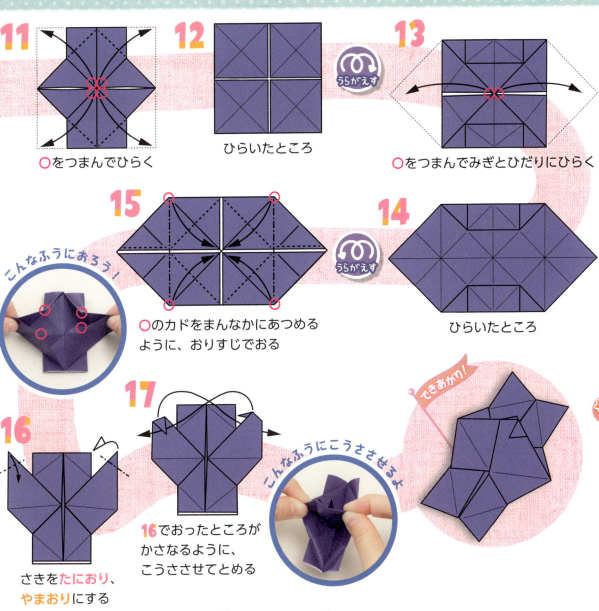

11 ○をつまんでひらく

12 ひらいたところ

13 ○をつまんでみぎとひだりにひらく

14 ひらいたところ

15 ○のカドをまんなかにあつめるように、おりすじでおる

こんなふうにおろう！

16 さきをたにおり、やまおりにする

17 16でおったところがかさなるように、こうささせてとめる

こんなふうにこうささせるよ

できあがり！

ぱっちりカメラ

あそびかた

はしをもち、うしろのでっぱりをゆびでおすと……

まえからみたところ

パチッ！とおとがして、シャッターがひらくよ！

だれをとろうかニャ？

あそべるおりがみ 33

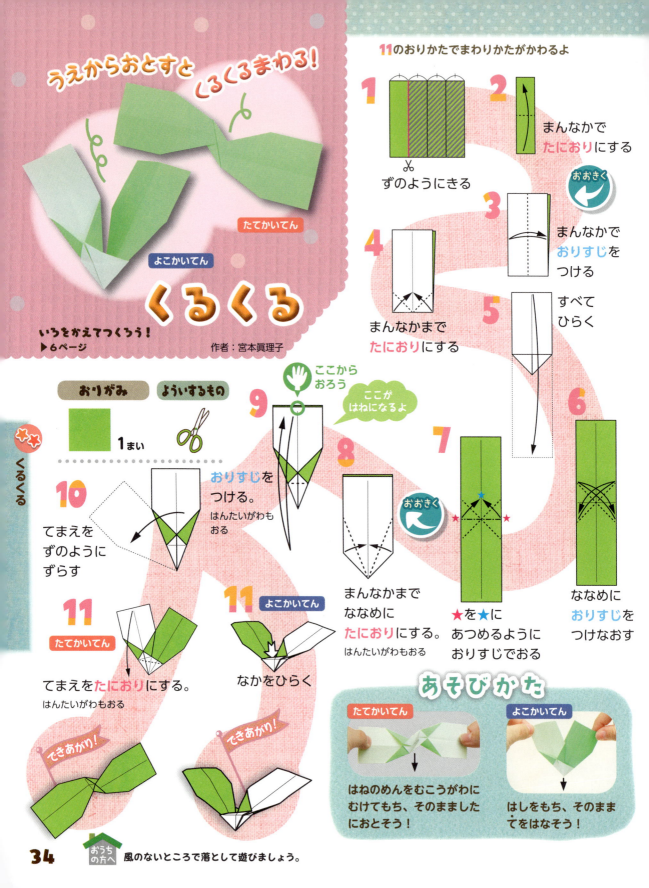

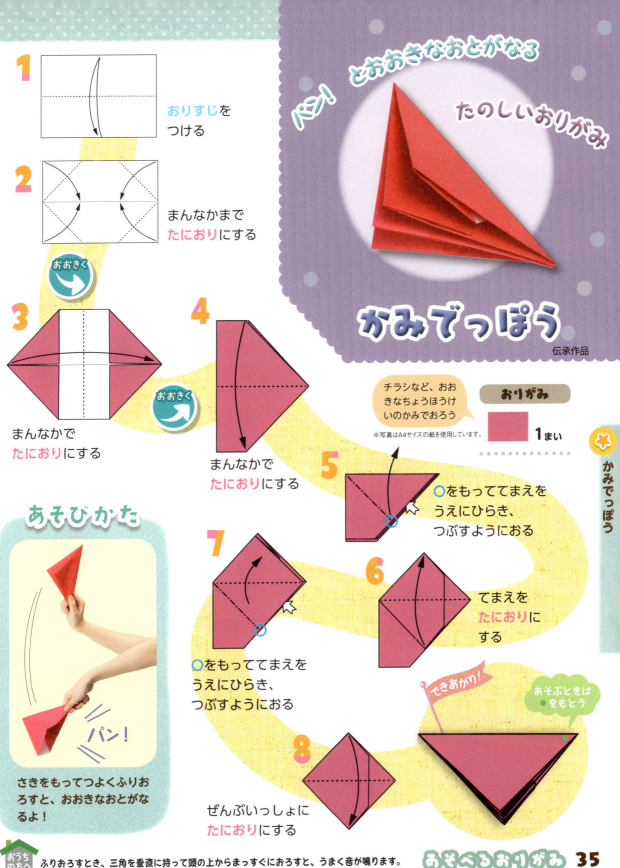

1～5まで「ふうせん」（52ページ）と
おなじだよ

かざぐるま

かぜのちからで くるくるまわる!

作者：宮本眞理子

2
3
1
4
5 うらがえす
むきをかえる

6 おおきく
てまえだけめくるように
たにおりにする。
はんたいがわもおる

しっかりおると
よくまわるよ

7
ひだりがわを2まいまとめて
たにおりにし、みぎがわを
2まいまとめて**やまおり**にする

8
かさなっている
かみをはなす

9 うえから
みたところ

おりがみ　ようするもの
1まい　ストロー

やぶれやすいので
きをつけよう

○をつまんで、
まんなかが
ふくらむように
すこしずつひっぱる

こんなふうにひっぱろう!

あそびかた

はねのうえからいきを
ふきかけて、かざぐる
まをまわそう！

できあがり！

11
したからストローを
さしこむ

10
9とおなじように
○をつまんでひっぱる

かざぐるま

あそべるおりがみ　37

おうち
の方へ　ストローは、まっすぐのタイプでも楽しめます。

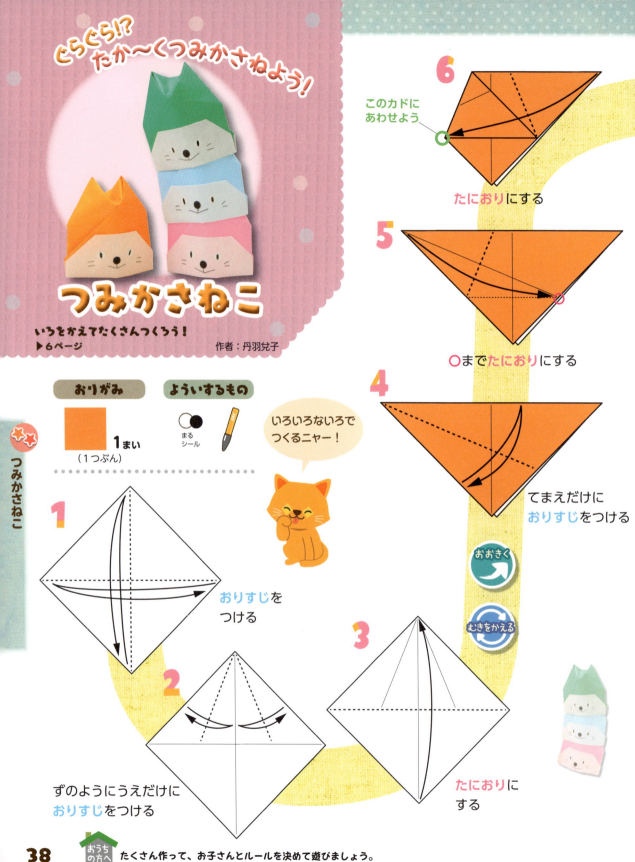

くちがぱくぱくうごいて
おしゃべりするよ

ひよこのぱくぱく

いろをかえてつくろう！
▶6ページ

作者：宮本眞理子

おりがみ	よういするもの
1まい	まるシール

ひよこのぱくぱく

1 たにおりにする

2 ずのようにしるしをつける

3 2のしるしまでたにおりにする

4 ○がへいこうになるようにたにおりにする

5 ○と○があうようにたにおりにする

6 4のように、○がへいこうになるようにななめにたにおりにする

7 フチまでたにおりにする

8 おったところ。すべてひらく

9 ❶❷のじゅんにたにおりにする

おおきく

40　おうちの方へ　お子さんと一緒に作って、2羽のひよこで会話をして遊びましょう。

10
たにおりにする

11
カドをすこし
たにおりにする

12
たにおりにする

おったところが
めになるよ

13
○をつまんで
おりすじでおる

14
○でつまんで
おりすじでおる

15
まんなかで
たにおりにする

13と14はおったままおろう！

16
てまえのカドをずのように
たにおりにする。
はんたいがわもおる

17
フチをすこし
たにおりにする。
はんたいがわもおる

18
○をつまんでひらく

ひよこのぱくぱく

むきをかえる

できあがり！

シールで
めをつくろう

あそびかた

17でおったところをりょうてでもって、ひらいたり
とじたりすると、ひよこのくちがぱくぱくうごくよ！

つくってとばして あそんでみよう

ぴょんぴょんがえる
伝承作品

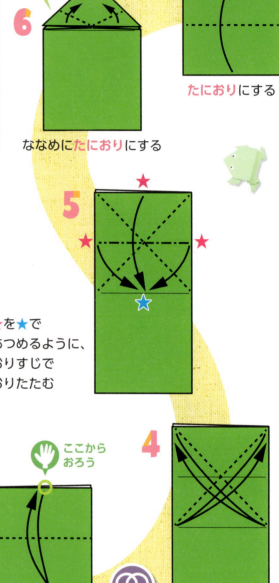

よういするもの
おりがみ 1まい / まるシール / ペン

1 おりすじをつける

2 たにおりにする　おおきく

3 おりすじをつける　ここからおろう

4 おりすじをつける　うらがえす

5 ★を★であつめるように、おりすじでおりたたむ

6 ななめにたにおりにする　ここがまえあしになるよ

7 たにおりにする

最初におうちの方が作り、お子さんに跳んでいるところを見せると喜びます。

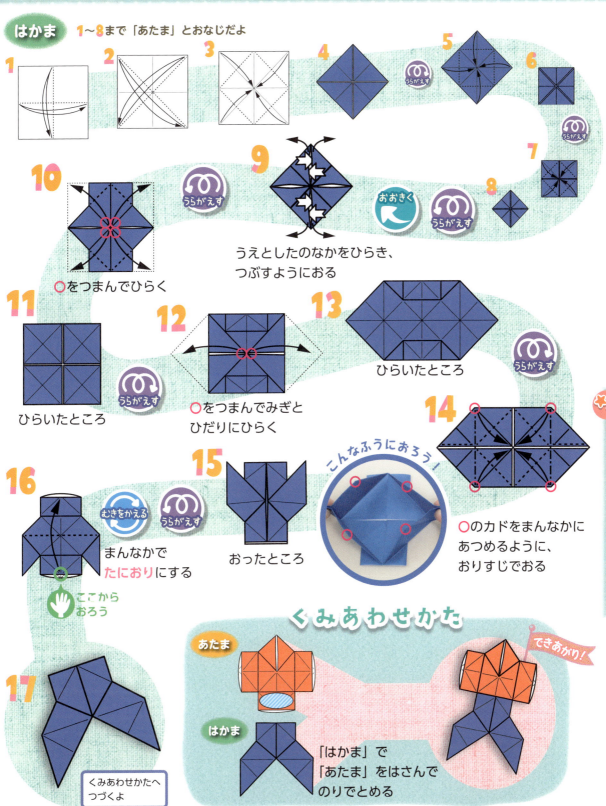

にんぎょうをつかって
げきをしてあそぼう!

にんぎょう（ぶた・かえる）

いろやおおきさをかえて「あめのひ」や「3びきのこぶた」、
「うさぎとかめ」をつくろう
▶3、6、14、15ページ　　　作者：丹羽兌子

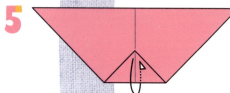

おりがみ　5まい
（2まいで1つぶん。※かえるのおなかを
しろくするときは、しろいかみがいるよ）

よういするもの　まるシール／ストロー

ぶたとかえるの「かお」、「からだ」の2つのパーツを
それぞれくみあわせてつくるよ

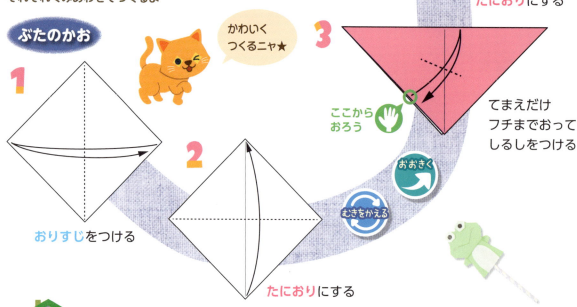

ぶたのかお

1 おりすじをつける

2 たにおりにする

3 てまえだけフチまでおってしるしをつける　ここからおろう

4 2まいいっしょに3のしるしまでたにおりにする

5 かさなっている2まいをはなし、おくのかみをなかにいれる

6 カドをやまおりにする　ここがはなになるよ

かわいくつくるニャ★

おおきく　むきをかえる

おうちの方へ　4分の1サイズの紙で折ると、指人形として遊べます。

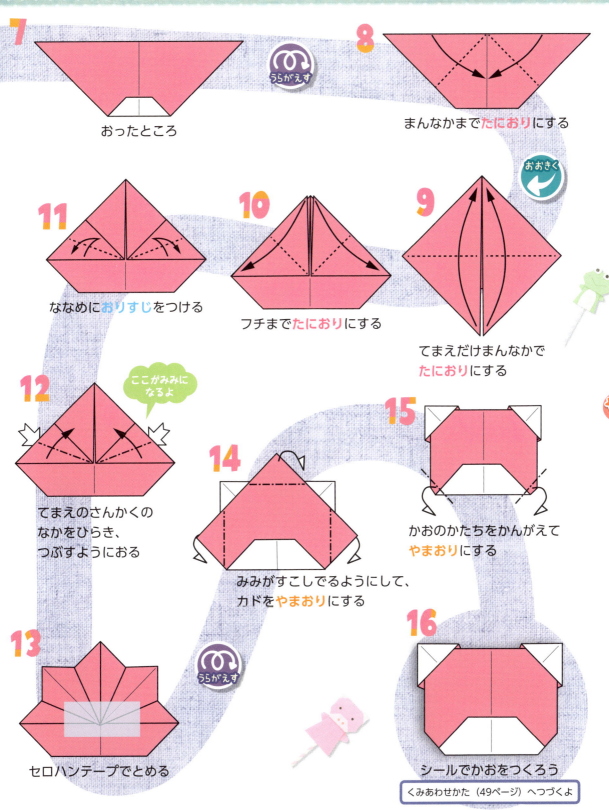

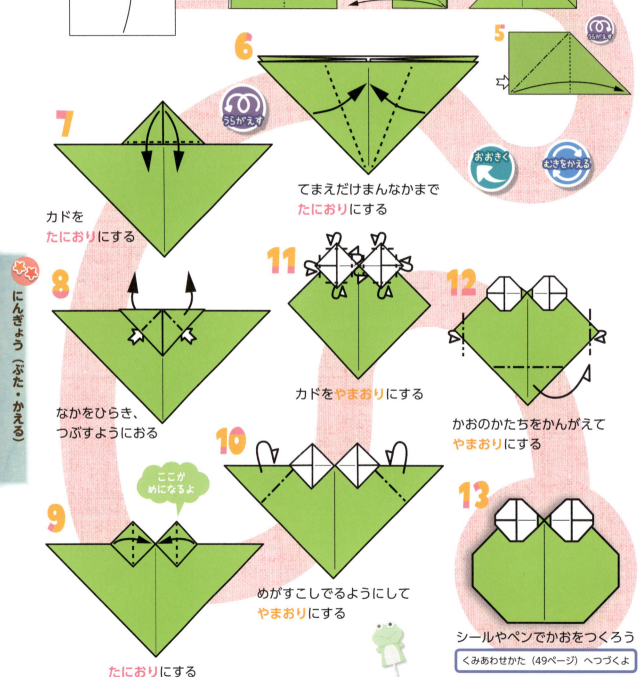

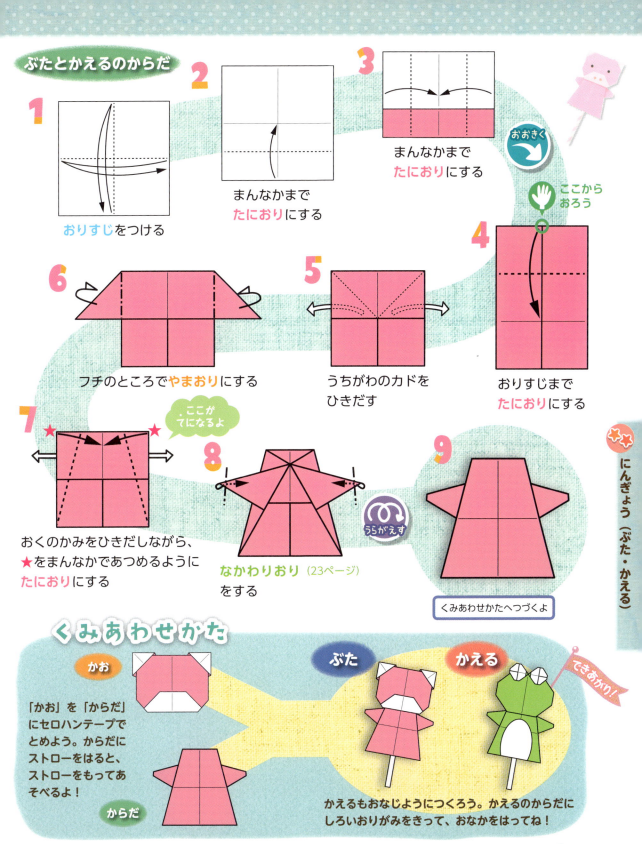

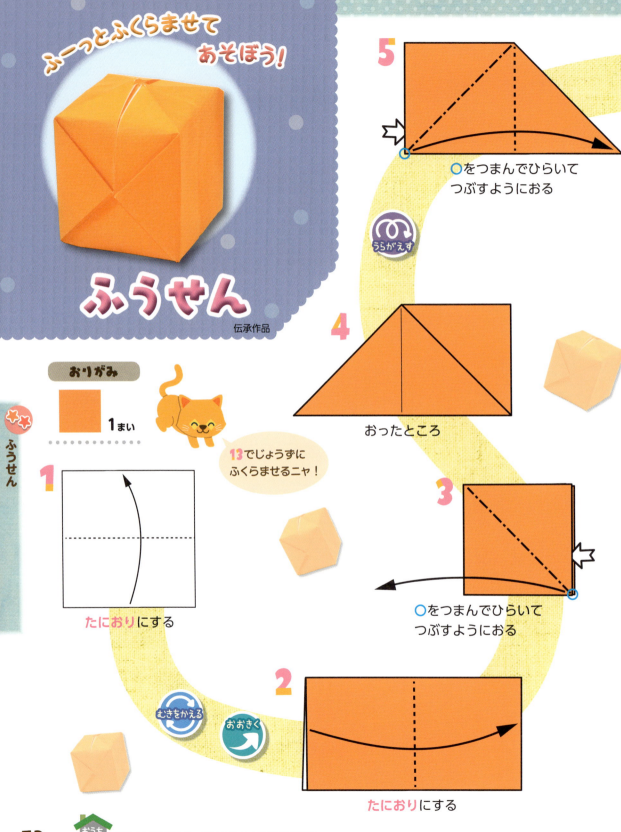

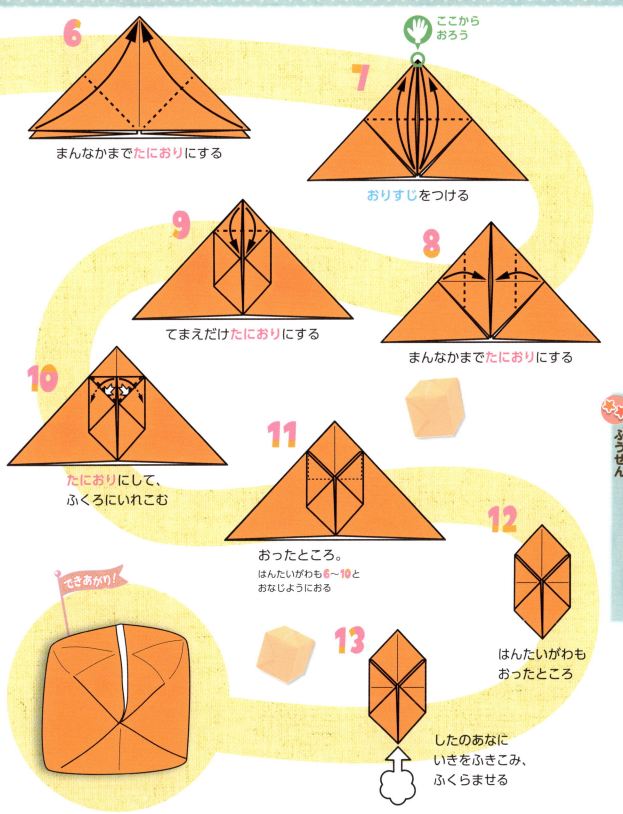

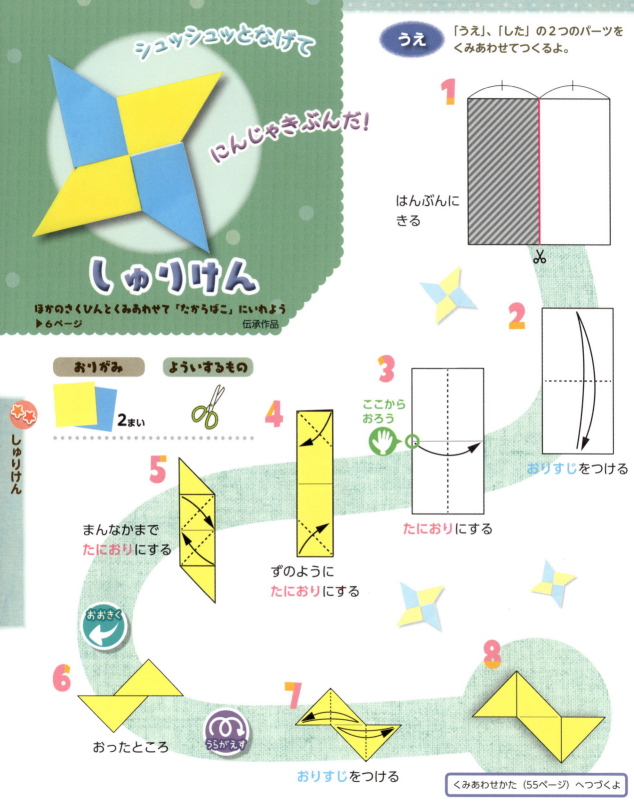

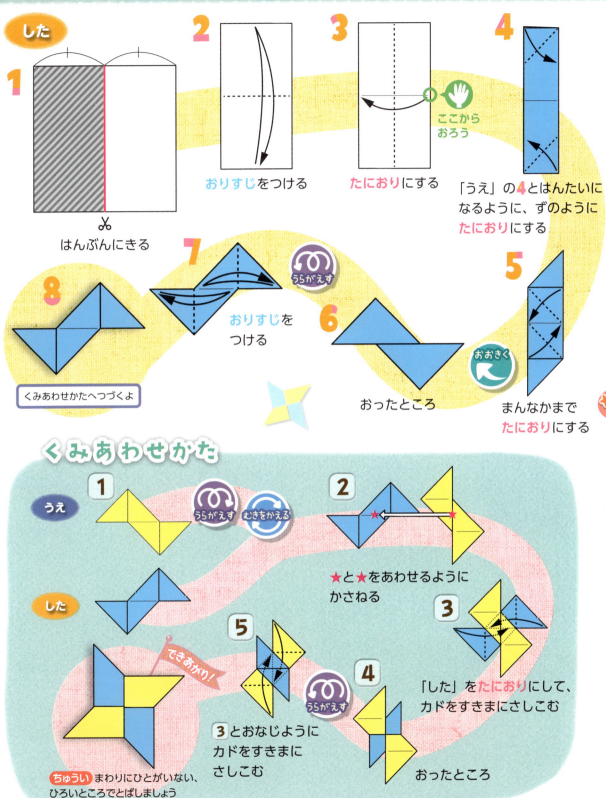

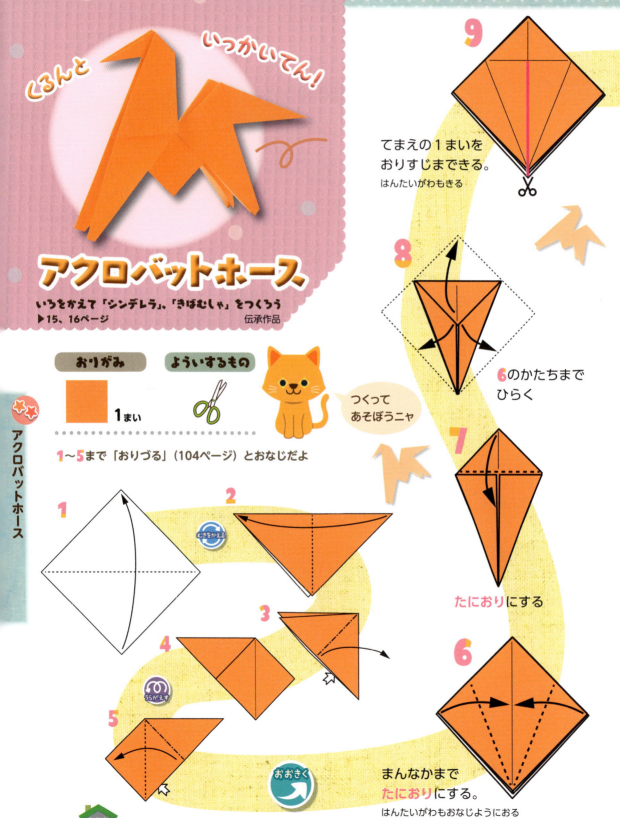

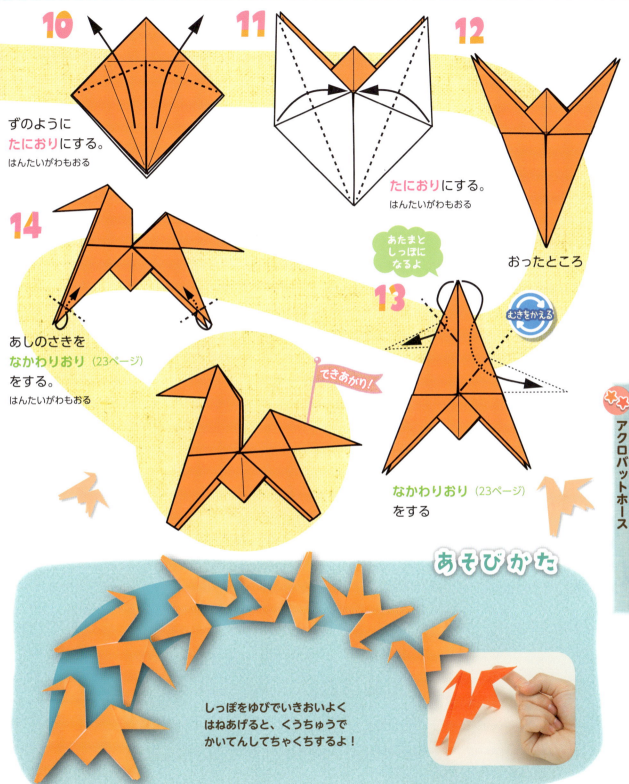

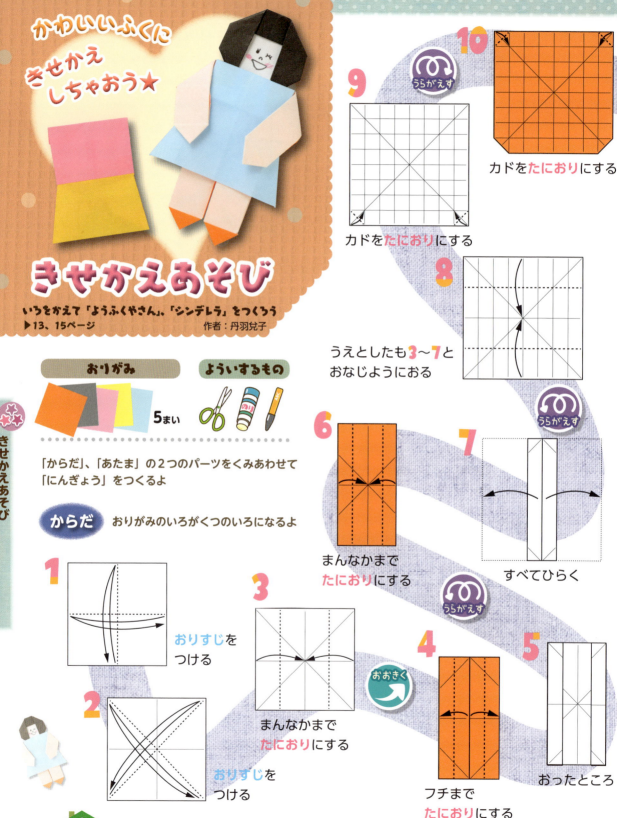

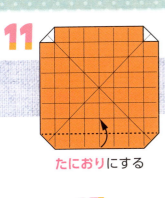
たにおりにする

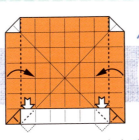
なかをひらいてななめにたにおりし、みぎとひだりのかみをかぶせ、13のかたちになるようにおる

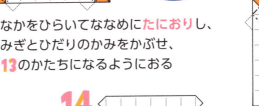
なかをひらいてななめにたにおりし、14のかたちになるようにうえのかみをかぶせるようにおる

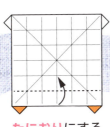
たにおりにする

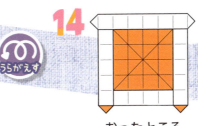
おったところ

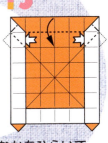

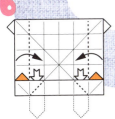
なかをひらいてななめにたにおりし、17のかたちになるようにみぎとひだりのかみをかぶせるようにおる

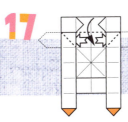
なかをひらいてななめにたにおりし、18のかたちになるようにうえのかみをかぶせるようにおる

おったところ

たにおりにする

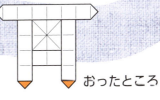
なかをひらいてななめにたにおりし、21のかたちになるようにみぎとひだりのかみをかぶせるようにおる

なかをひらいてななめにたにおりし、22のかたちになるようによこにひらくようにかぶせるようにおる

おったところ

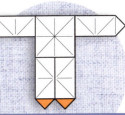

きせかえあそび

くみあわせかた（60ページ）へつづくよ

つぎのページにつづくよ

あそべるおりがみ

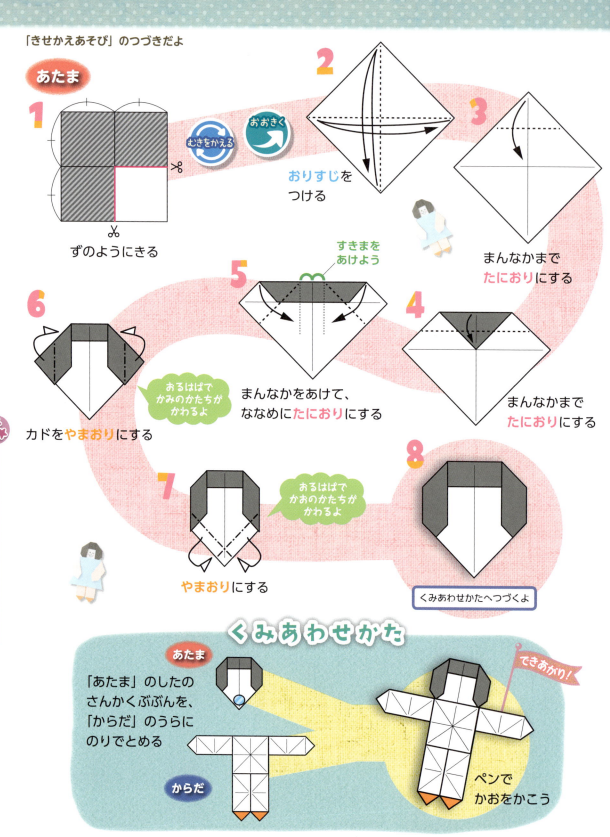

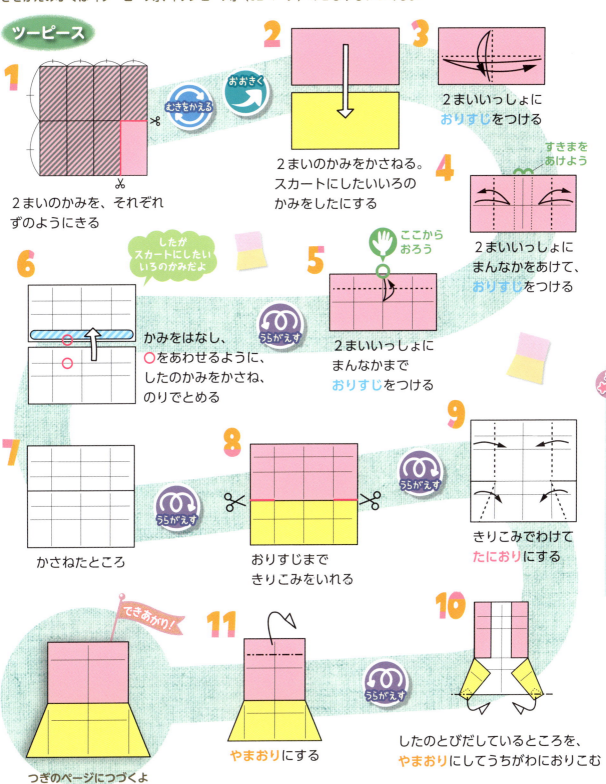

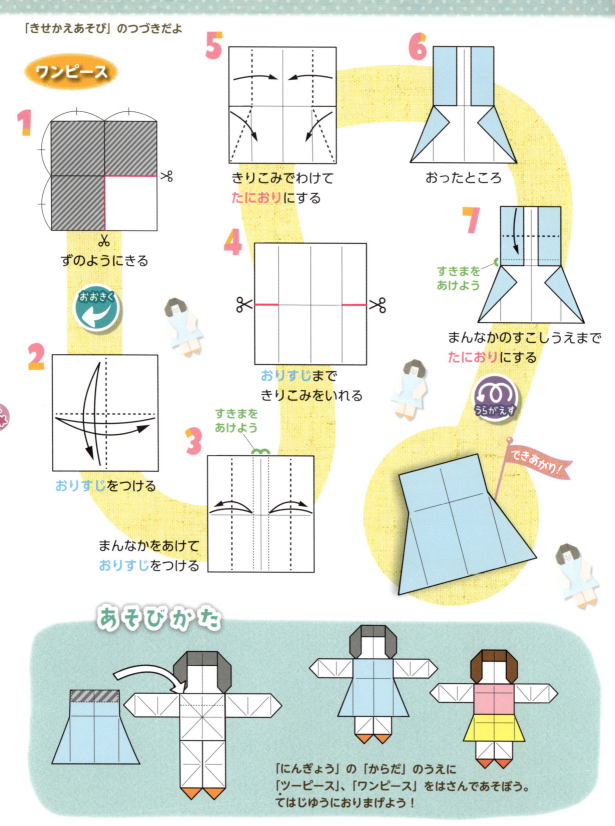

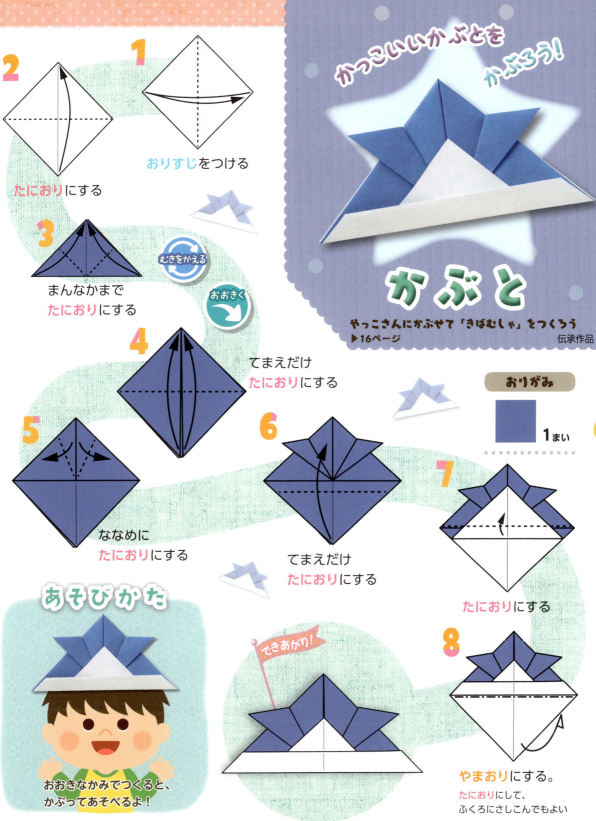

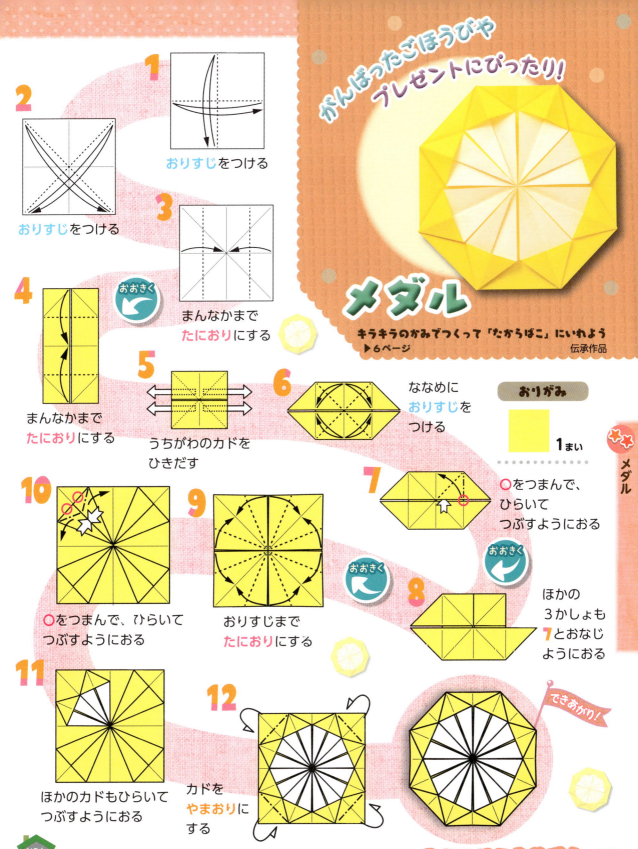

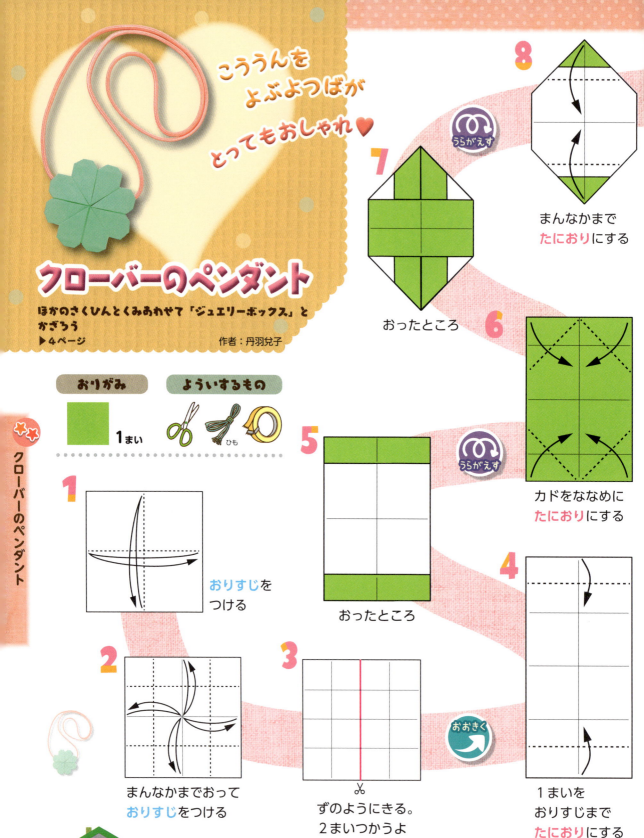

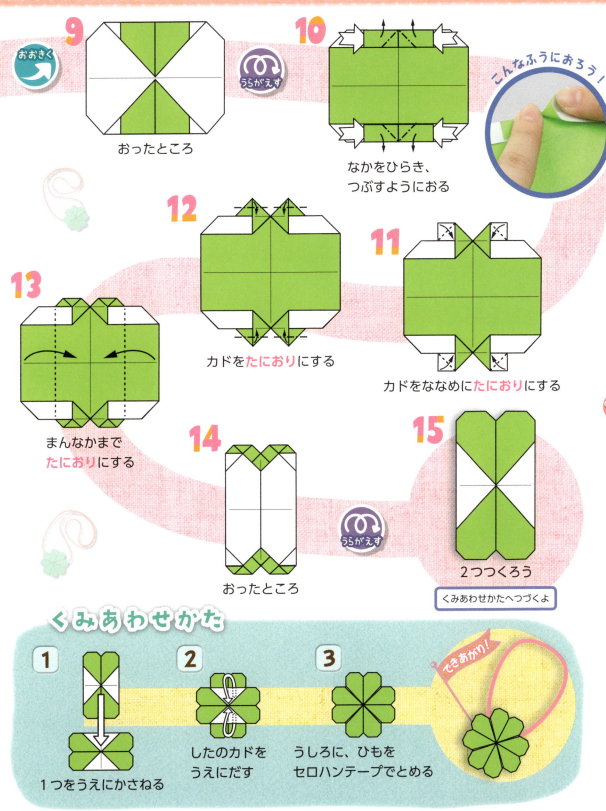

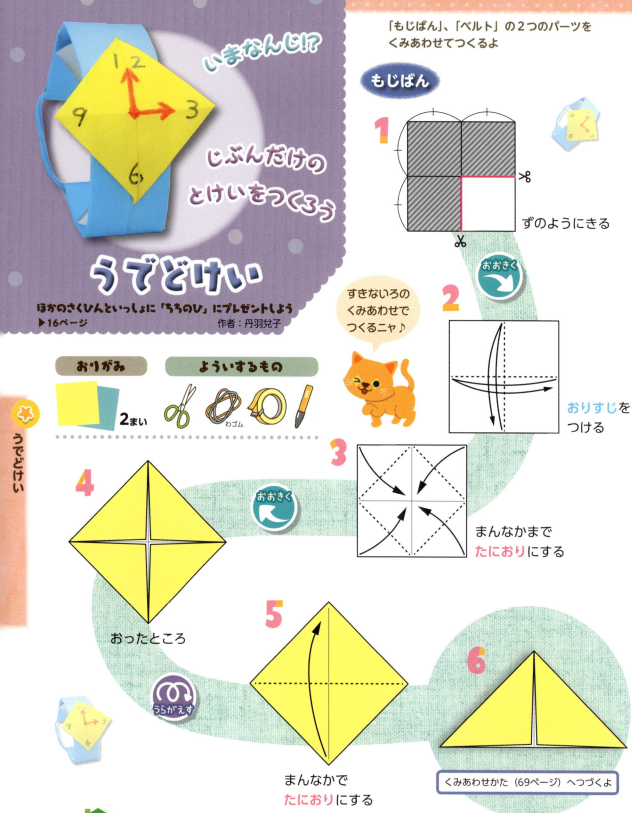

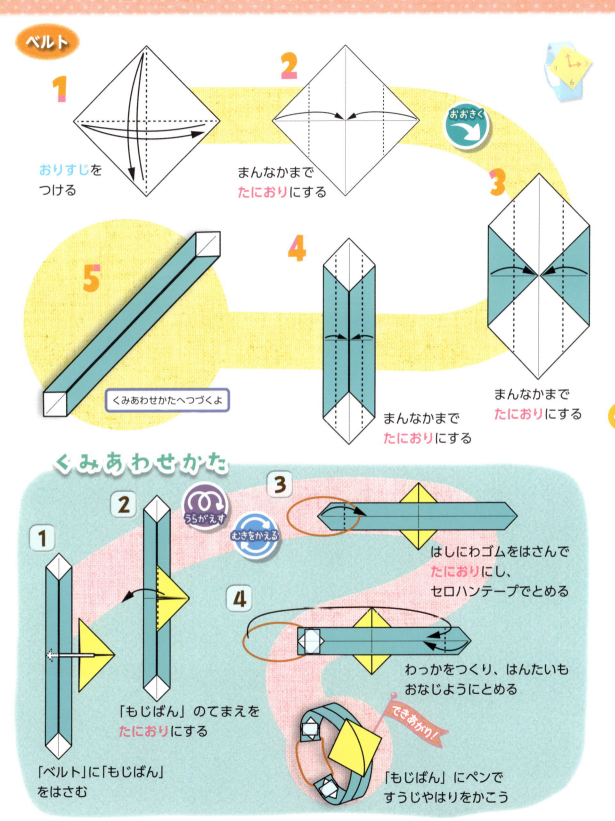

おうかん

おうさまになった きぶんになれるよ！

ほかのさくひんとくみあわせて「たからばこ」とかざろう
▶6ページ　　作者：原田茂

おりがみ　1まい
おおきなちょうほうけいのかみでおろう
※写真はA4サイズの紙を使用しています。

1 まんなかでたにおりにする

むきをかえる
おおきく

2 おりすじをつける

3 てまえだけまんなかまでたにおりにする

4 てまえだけフチまでたにおりにする

5 さんかくのフチにあわせてたにおりにする
このフチにあわせよう

6 おったところ。さんかくをてまえにだす

おうちの方へ　新聞紙のような大きな紙で折ると、実際にかぶって遊べます。シールやおりがみなどで飾りつけしましょう。

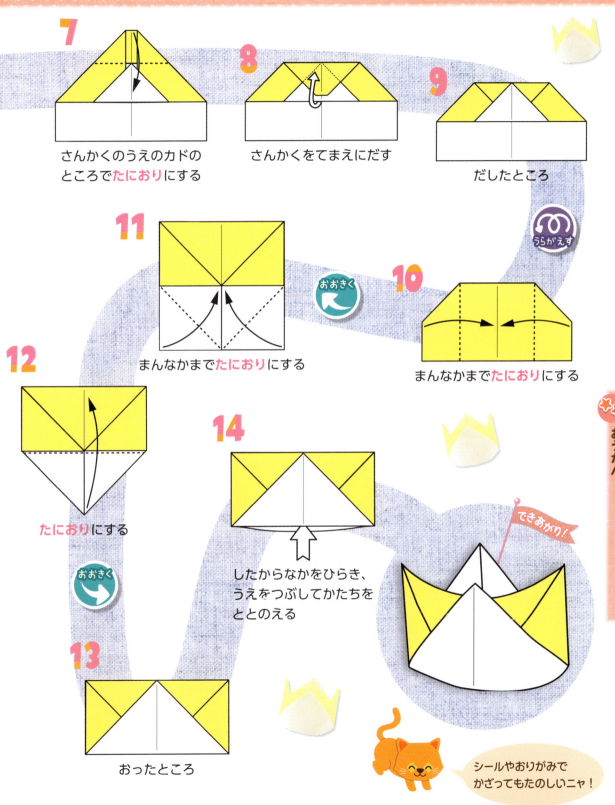

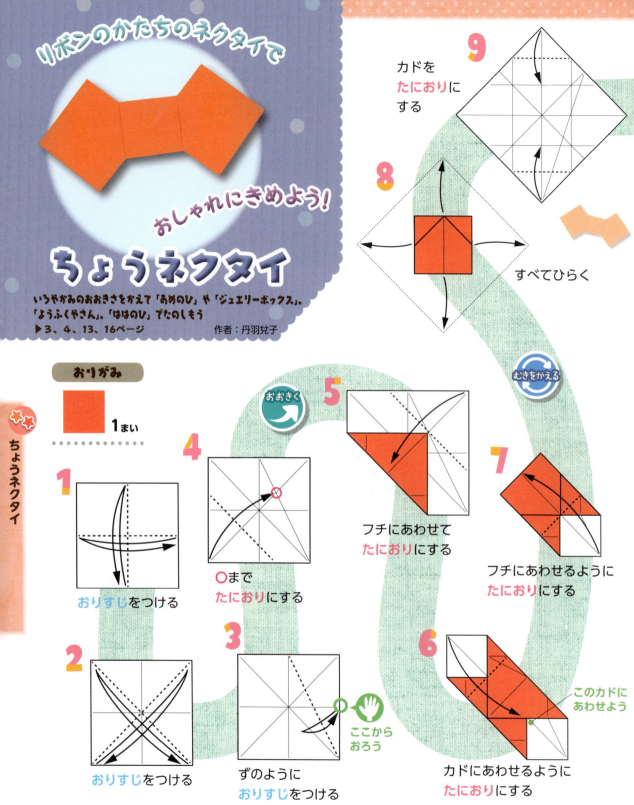

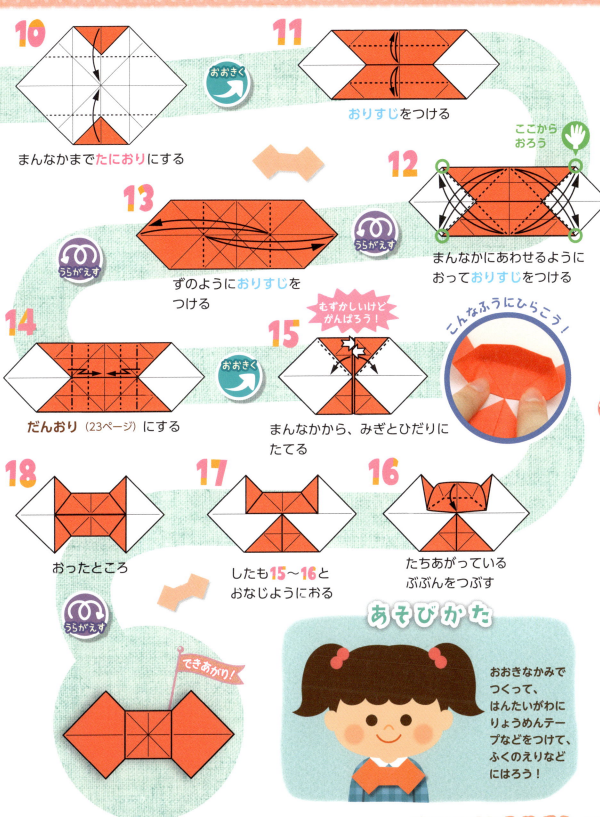

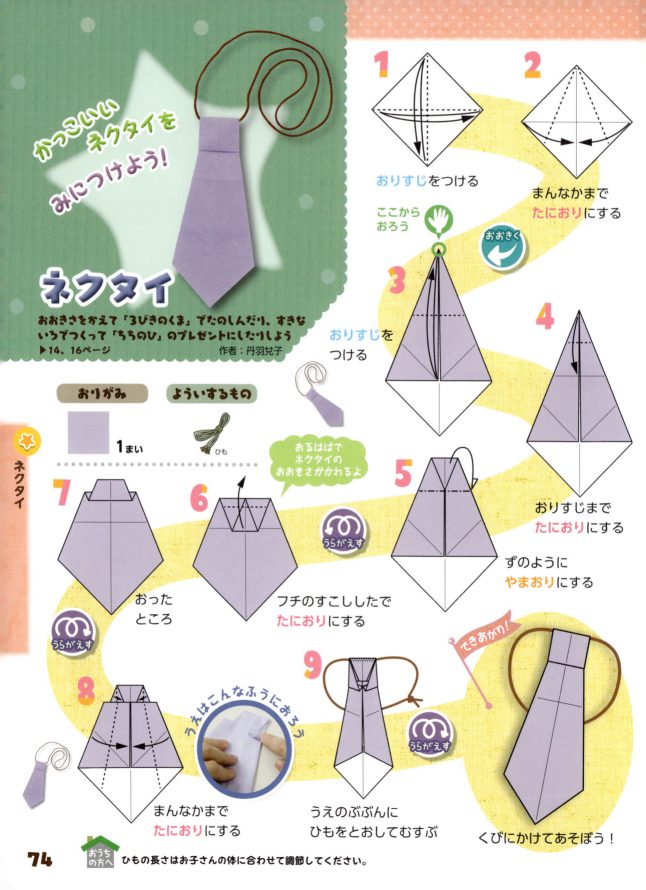

1
おりすじをつける

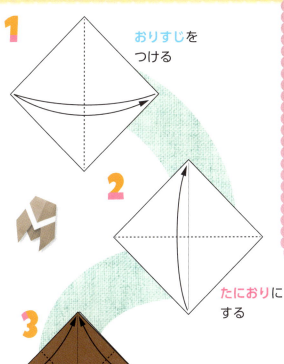

なつのあいだ おおきなこえでなくよ！

せみ

ほかのさくひんとかざろう
▶9ページ

伝承作品

2
たにおりにする

3
まんなかまでたにおりにする

おおきく

4
てまえだけななめにたにおりにする

おるかくどではねのむきがかわるよ

5
てまえだけをたにおりにする

おりがみ
1まい

せみ

7
やまおりにする。
まんなかはやまおりでおりすじをつけてかたちをととのえる

せみのかたちになるよ

6
5でおったところからすこしずらしてたにおりにする

できあがり！

おうちの方へ　せみの鳴き声をまねして遊んでみましょう。

こんちゅうをつくろう　**75**

カブトムシ

つよそうなツノが かっこいい！

おおきさやいろをかえて「いきものランド」、
「カブトムシVSクワガタムシ」でたのしもう
▶ 2、10ページ　　　作者：宮本眞理子

おりがみ 1まい　　**よういするもの**

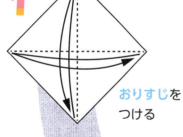
1. おりすじをつける

2. まんなかまでたにおりにする

3. まんなかでななめにたにおりにする

4. したのフチまでたにおりにする

5. てまえだけ、ずのようにたにおりにする

6. ずのようにたにおりにする

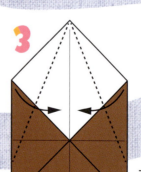

7. ずのようにやまおりにする

8. フチまでおっておりすじをつける

このフチまでおろう
おるところだけをみたところ

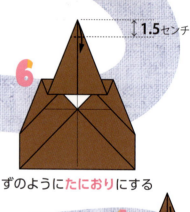

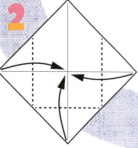

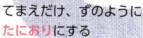
おおきく

おうちの方へ　完成した後に背の部分を少しまげると、よりリアルになります。

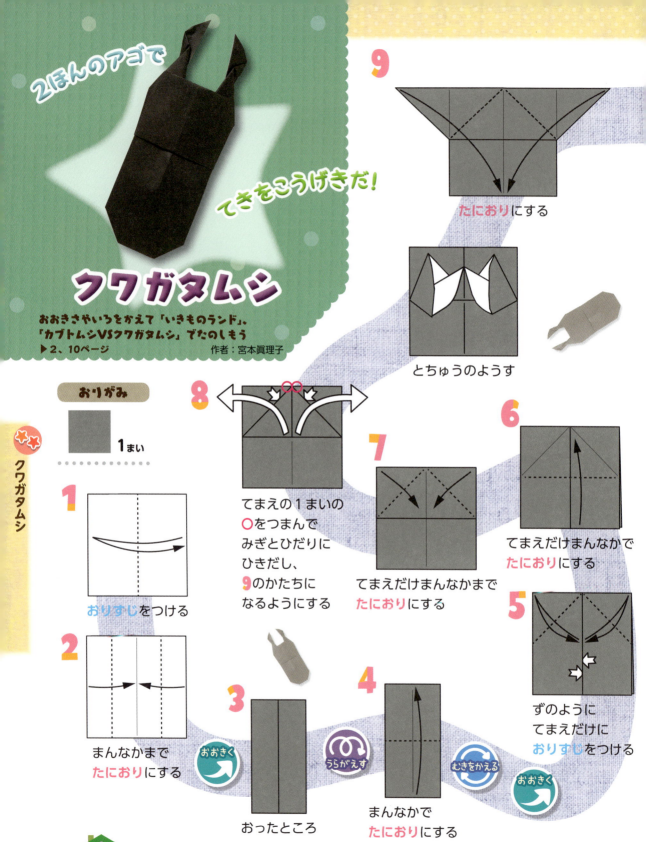

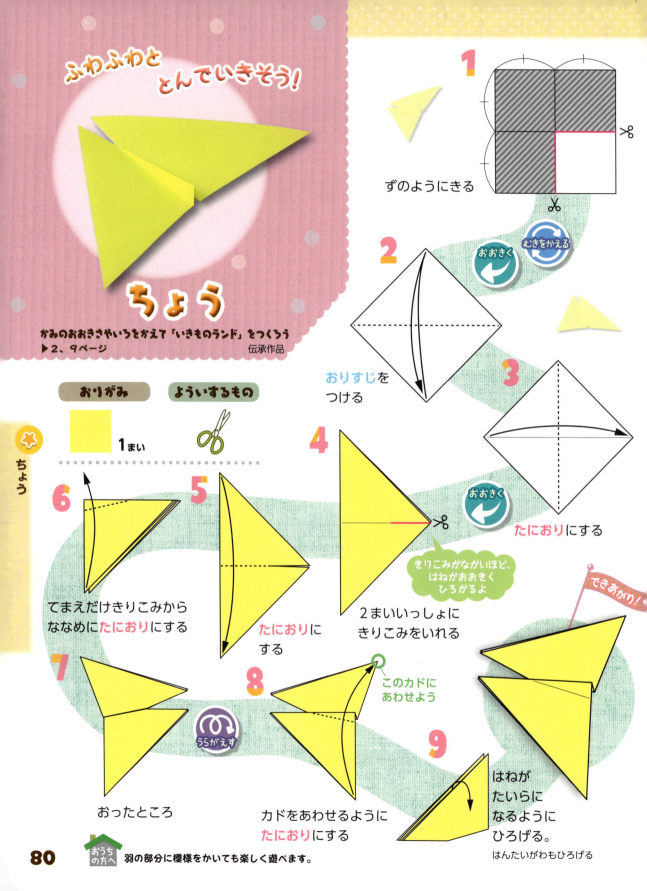

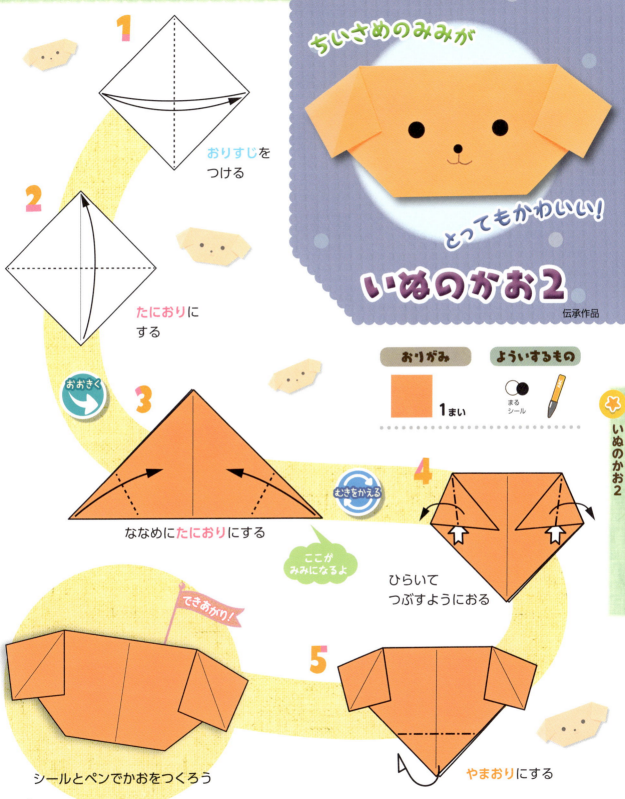

ピーンとたったおみみが

ねこのかお
伝承作品

キュートだね

よういするもの
- おりがみ 1まい
- まるシール
- ペン

1 おりすじをつける

2 たにおりにする

おおきく

3 ななめにたにおりにする

4 2まいいっしょにたにおりにする

うらがえす

できあがり！

シールとペンでかおをつくろう

おうちの方へ　「いぬのかお1」「いぬのかお2」（82、83ページ）と並べて飾ってもかわいいですよ。

「パンダのあたま」のつづきだよ

9 なかをひらき、つぶすようにおる

10 てまえだけカドをたにおりにする

11 おったところ

ここがめになるよ

12 おりすじまでたにおりにする

うらがえす

13 このおりすじにあわせよう

したのフチがおりすじにあうようになかをひらき、つぶすようにおる

14 ○と○、○と○があうようにてまえだけたにおりにする

15 おったところ

16 ずのようにたにおりにする

うらがえす

17 なかをひらき、つぶすようにおる

おおきく

パンダ

86

18
てまえだけ**たにおり**にする

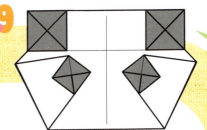

19
ここが
みみになるよ

おったところ。かおを
みみのてまえにだす

21
カドを**やまおり**にし、
みみをととのえる

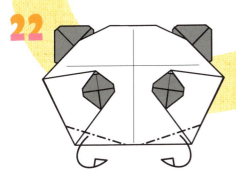

20
カドを**やまおり**にし、
かたちをととのえる

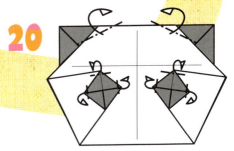

22
カドを**やまおり**にし、
かおをととのえる

23
カドを**やまおり**にし、
かおをととのえる

24

たにおりにする

25
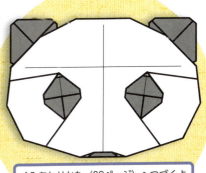

くみあわせかた（89ページ）へつづくよ

つぎのページへつづくよ

パンダ

「パンダ」のつづきだよ

からだ

1 まんなかでおって、うえとしたにしるしをつける

2 しるしまでたにおりにする

3 おったところ

おおきく

うらがえす

4 しるしでななめにたにおりにする

5 おったところ

6 ○をまんなかであわせるようにたにおりにする

うらがえす

7 8のかたちになるようにひらく

8 てまえだけおりすじをつけ、7のかたちにもどす

9 てまえの1まいの○をつまんでみぎとひだりにひきだし、10のかたちになるようにする

おおきく

しただけをみたところ

とちゅうのようす

10 たにおりにする

11 おったところ。うえも9～10とおなじようにおる

むきをかえる

12 おったところ

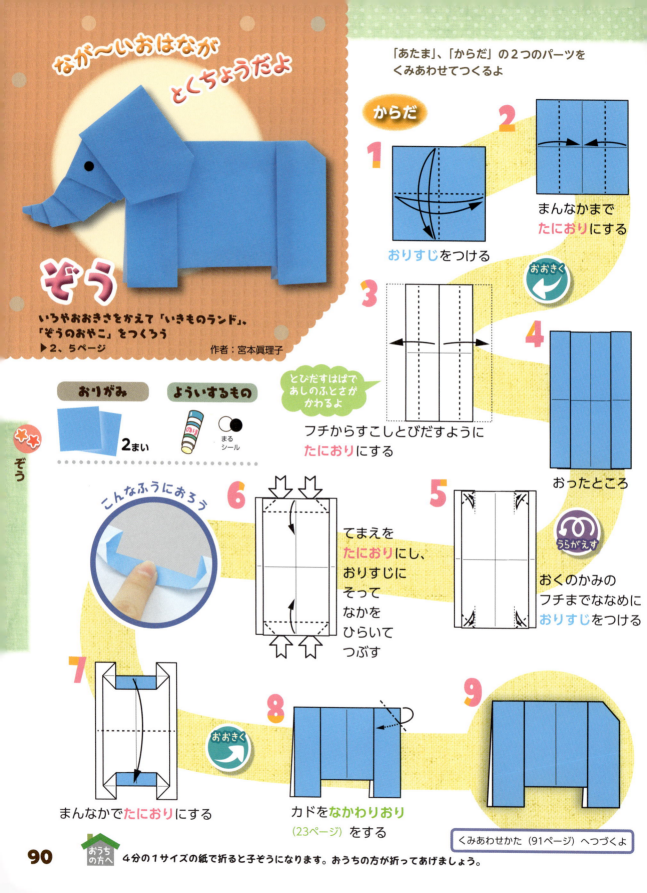

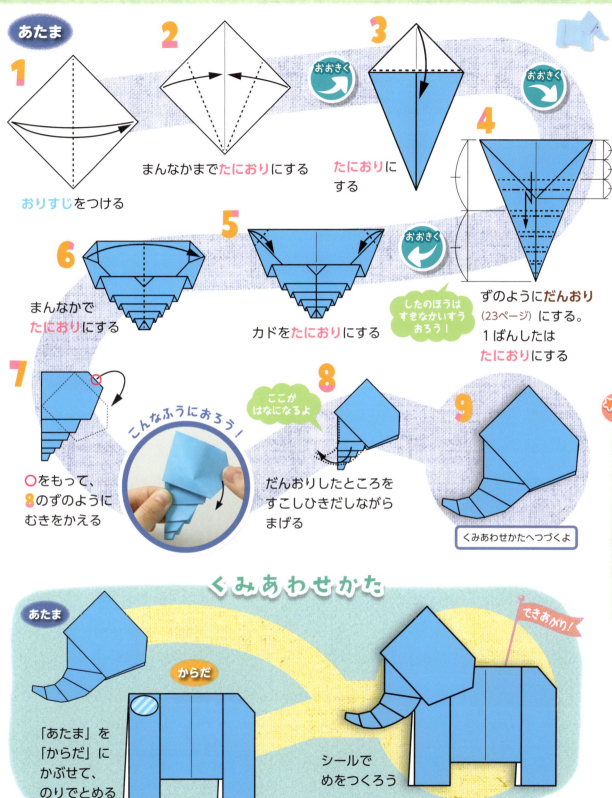

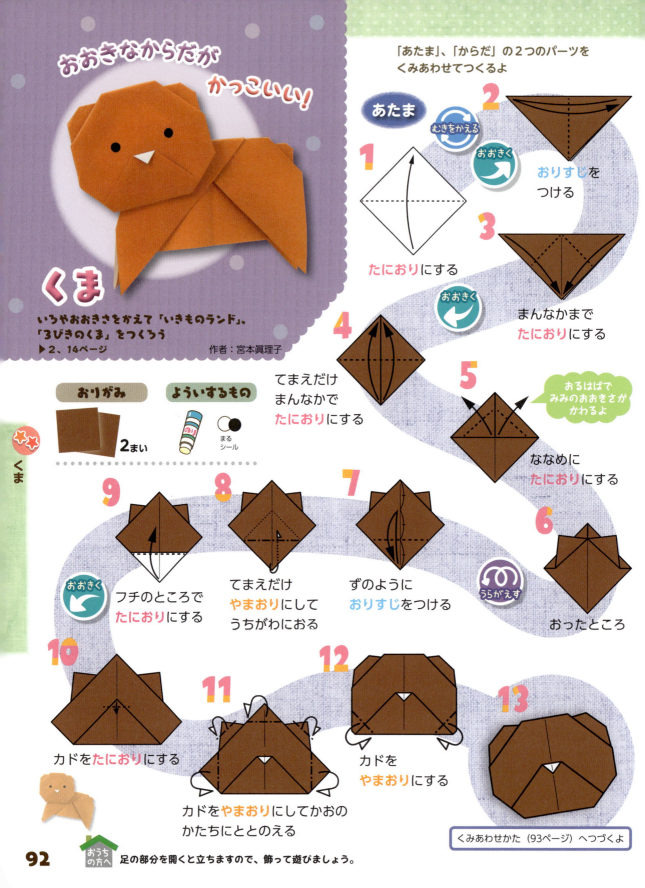

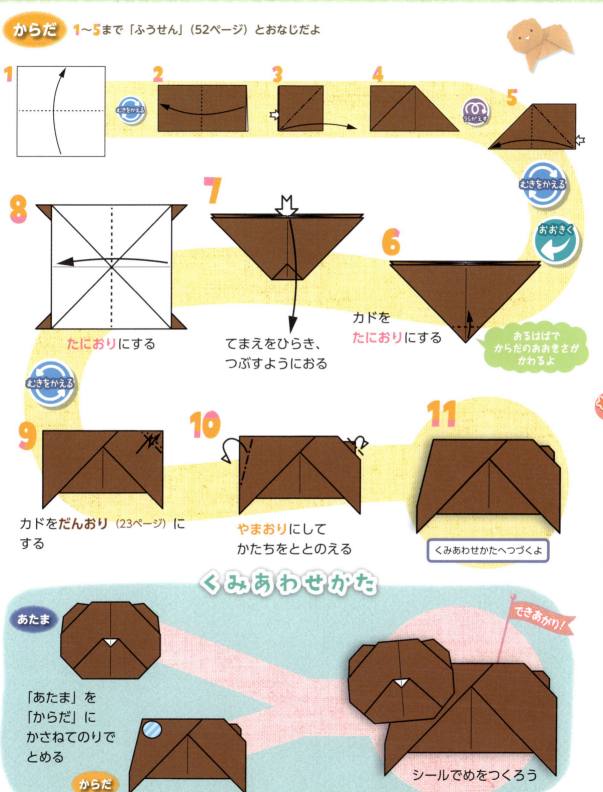

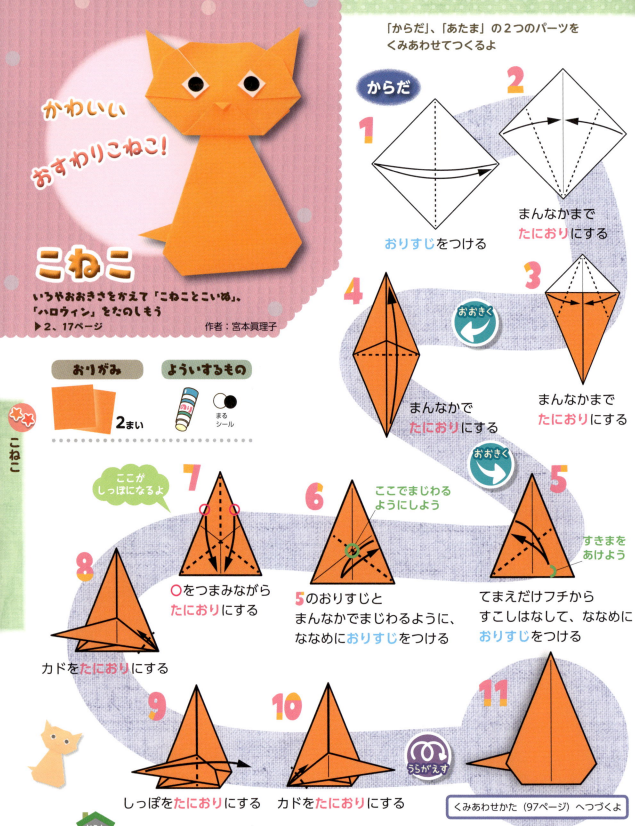

なが〜いからだが とってもキュート！

ダックスフンド

ほかのさくひんとくみあわせて「こねことこいぬ」を
つくってたのしもう
▶2ページ

作者：丹羽兌子

よういするもの

おりがみ 1まい

まるシール

ダックスフンド

1 おりすじをつける

2 まんなかまでおりすじをつける

3 おりすじまでたにおりにする

4 まんなかまでたにおりにする

5 たにおりにする

おおきく

6 カドまでたにおりにする

7 フチのところでやまおりにする

8 おくのかみをひきだし、6のかたちまでもどす

ここのはばであたまとしっぽのおおきさがかわるよ

9 たにおりにする

10 カドをおりすじまでたにおりにする

11 ずのようにだんおり（23ページ）にする

98

おうちの方へ 13、14の顔の傾きを変えて折ってみても楽しいでしょう

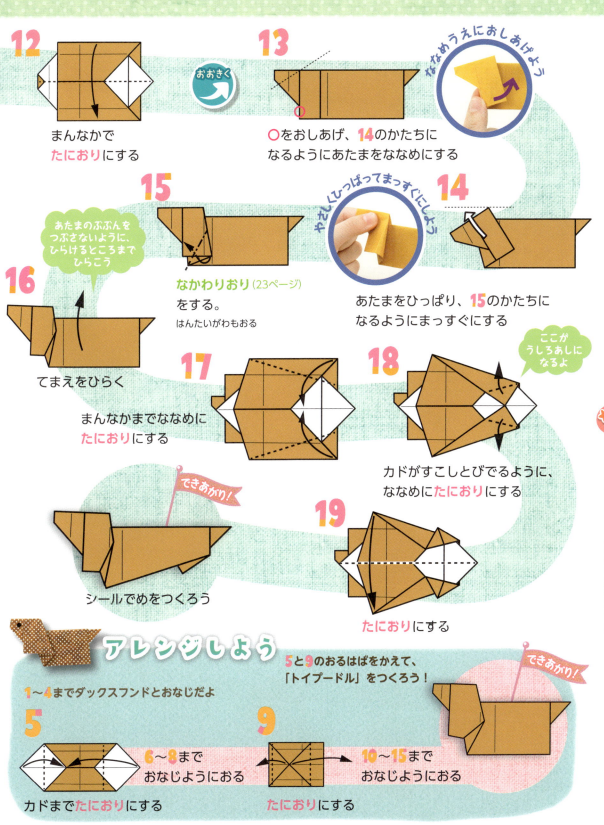

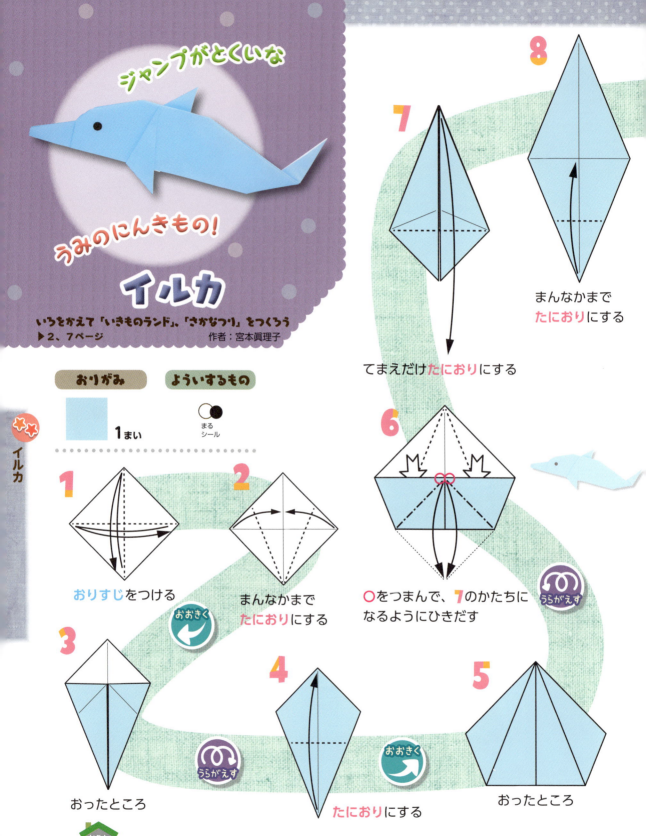

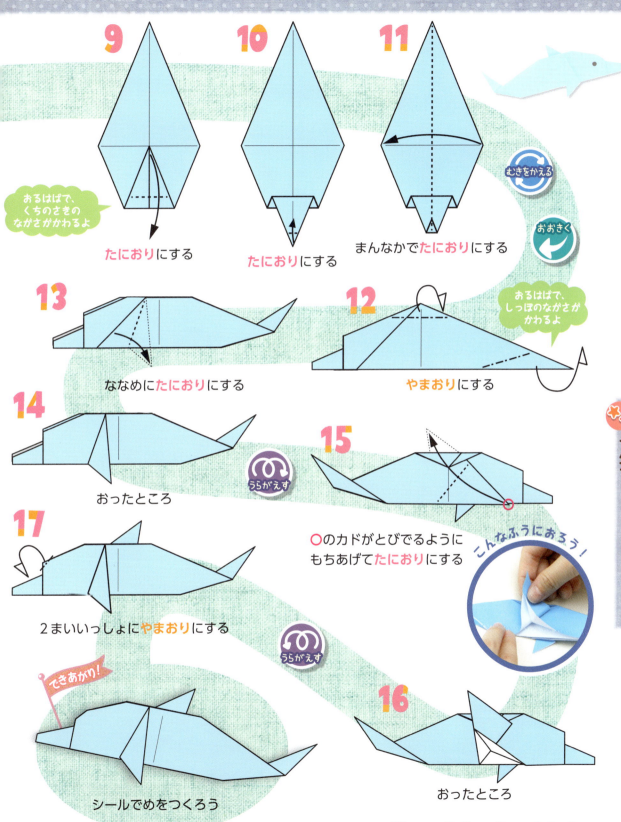

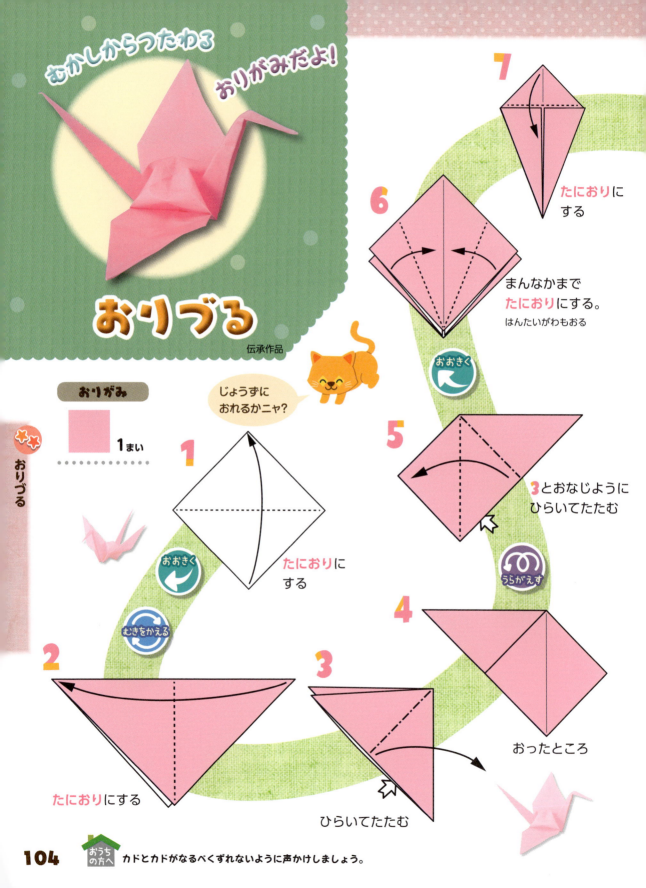

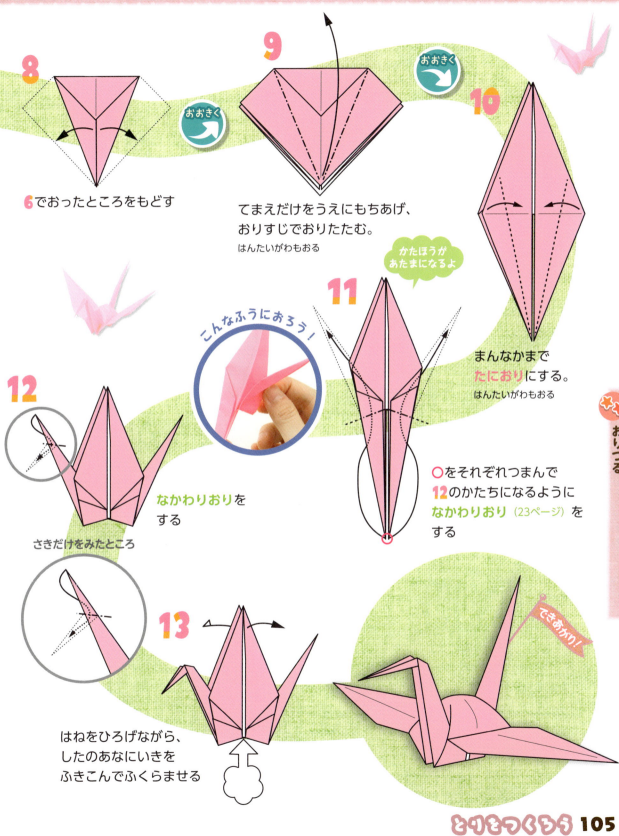

13
ずのように
たにおりにする

14
フチまで
たにおりにする

15
おったところ

ここが
くちばしに
なるよ

おおきく

16
くちばしだけを
おおきくしたところ

ななめに
たにおりにする

19
やまおりにする

うらがえす

18
おったところ

ちいさく

こんなふうにつまもう

17
○をつまむようにおる

20
○がとびだすように
21のかたちになるように
まんなかでたにおりにする

こんなふうにおろう

21
うちがわを
たにおりにする。
はんたいがわもおる

おおきく

ここをおろう

22
てまえのカドを
やまおりにして、
たつようにする。
はんたいがわもおる

ペンギン

できあがり！
シールでめをつくろう

24
うしろからみたところ

かさねるはばで
ペンギンのかたちが
かわるよ

フチどうしをセロハンテープ
でとめる。なかをひろげて、
ととのえる

23
むきをかえる

フチでかるく
やまおりに
おりすじをつける。
はんたいがわもおる

とりをつくろう 107

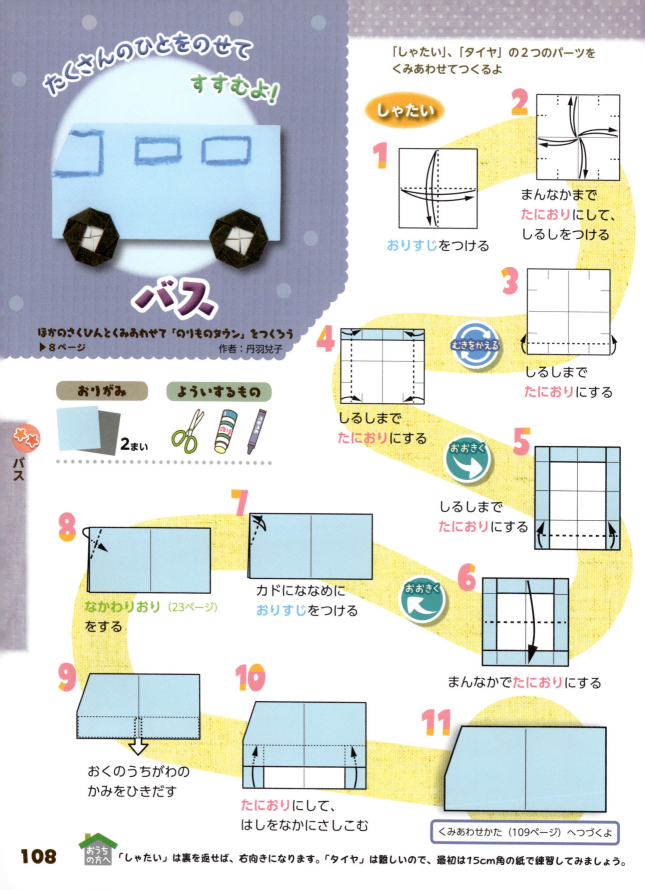

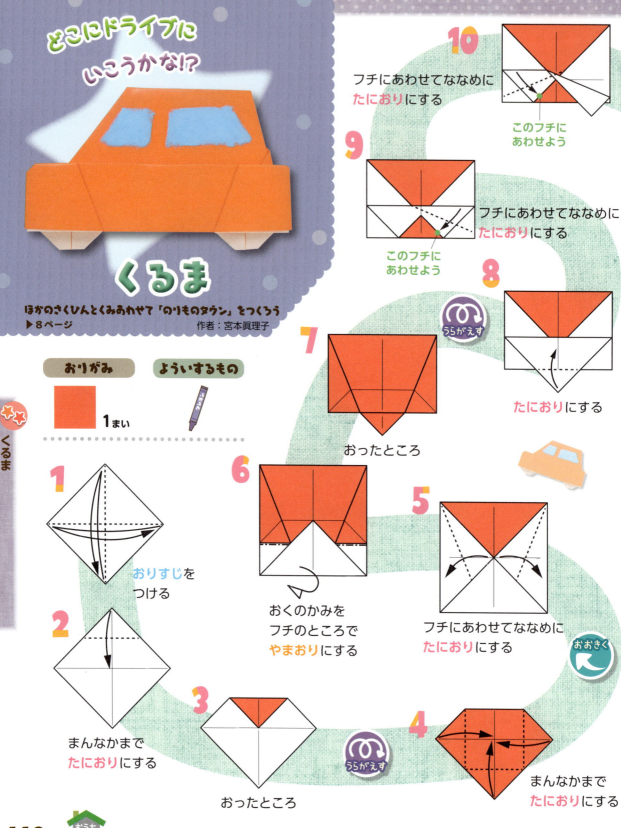

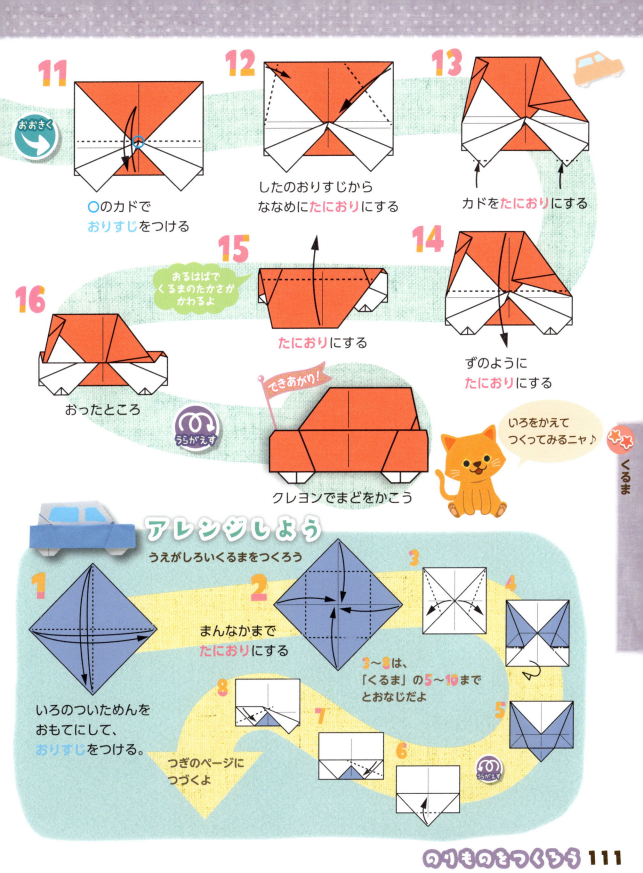

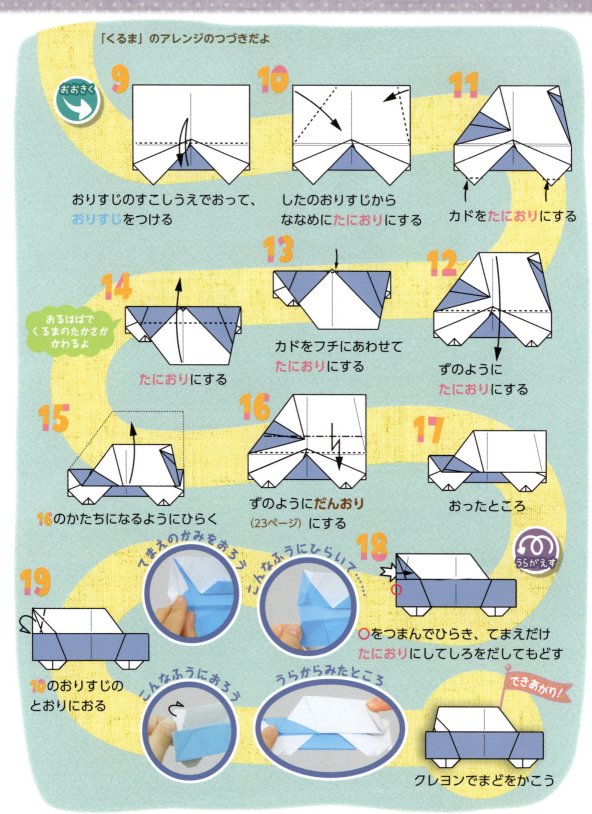

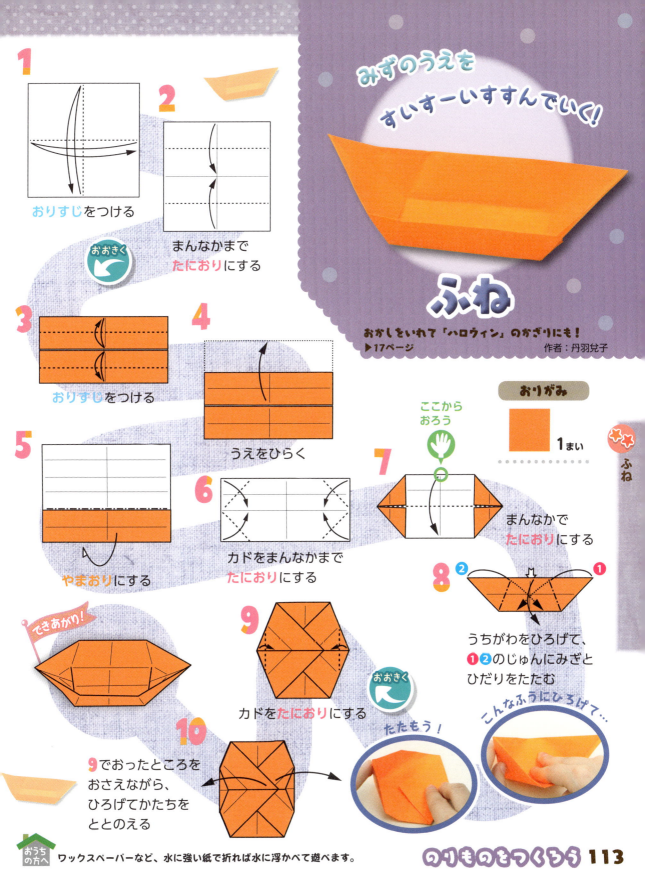

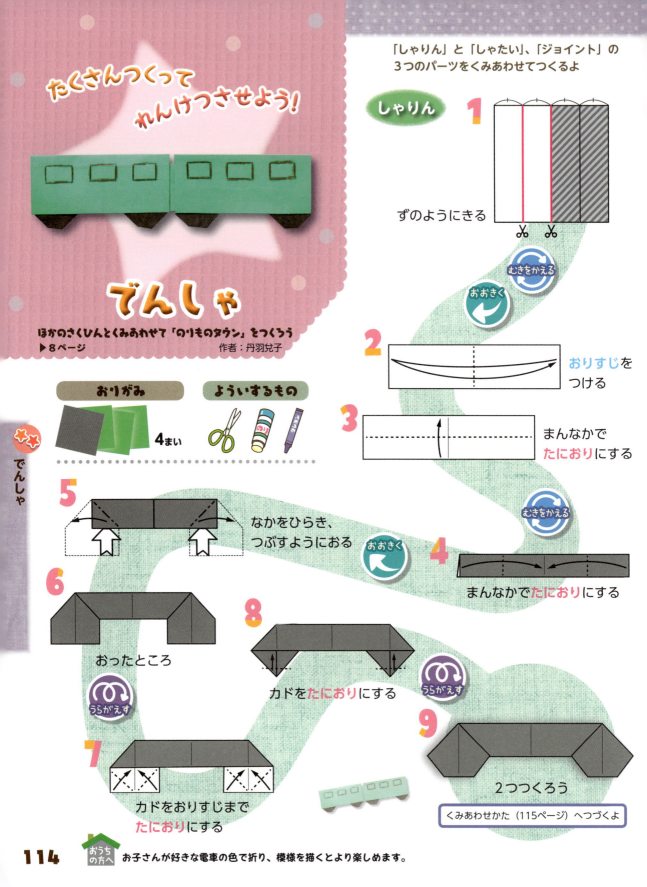

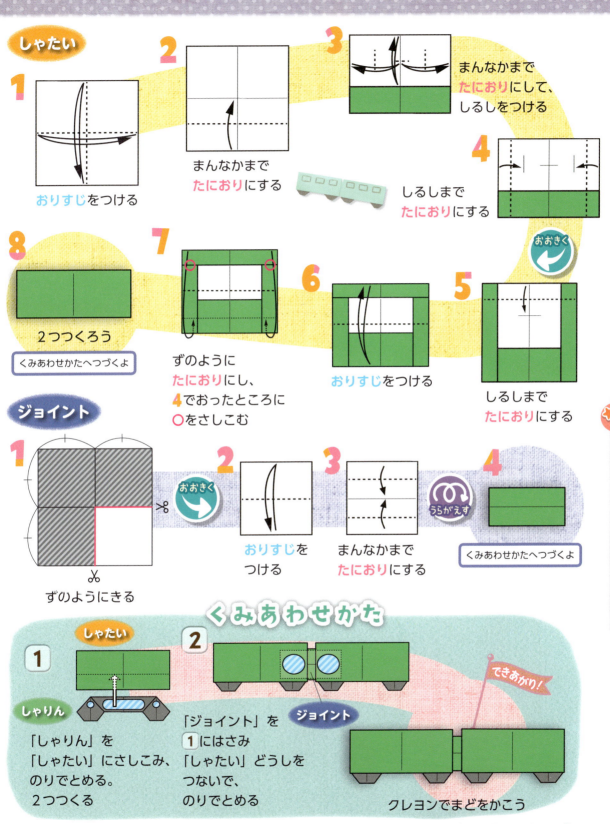

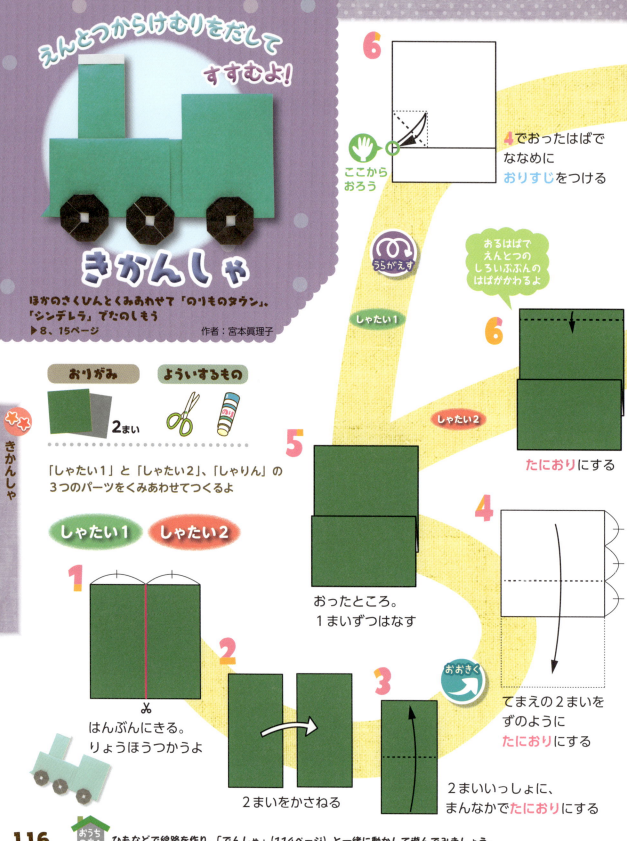

7 なかをひらき、つぶすようにおる

8 おったところ

むきをかえる

9 しゃたい1

くみあわせかた（118ページ）へつづくよ

7 おったところ

うらがえす

8 4でおったはばでななめにおりすじをつける

ここからおろう

9 なかをひらき、つぶすようにおる

きかんしゃ

10 4でおったはばでななめにおりすじをつける

11 なかをひらき、つぶすようにおる

12 たにおりにする

13 ななめにたにおりにする

14 しゃたい2

くみあわせかた（118ページ）へつづくよ

つぎのページへつづくよ

のりものをつくろう 117

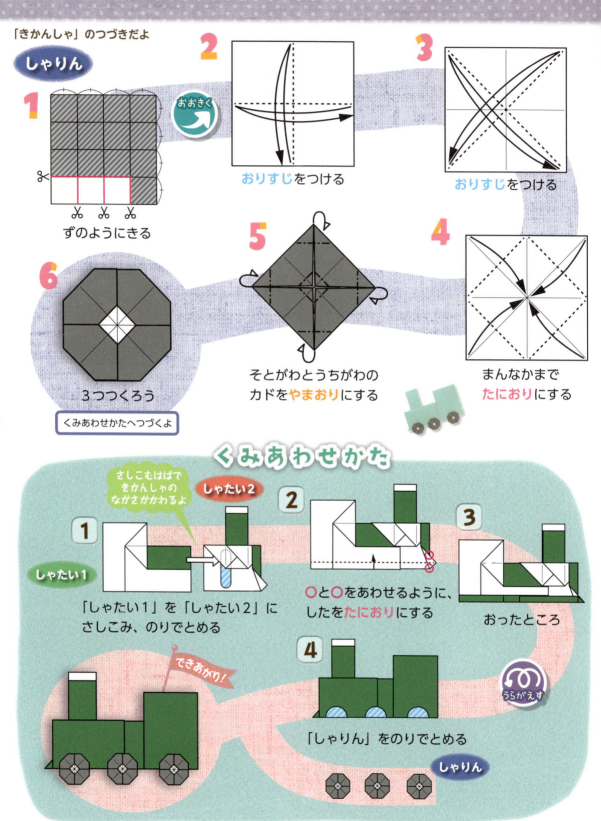

1〜5まで「ふうせん」（52ページ）とおなじだよ

1

2 むきをかえる

3

4 うらがえす

5

ほのおをだして うちゅうまで ひとっとび！

ロケット

ほかのさくひんとくみあわせて「のりものタウン」をつくろう
▶8ページ
作者：宮本眞理子

6 おおきく
まんなかまで おりすじをつける。
はんたいがわもおる

ロケットと ほのおのかみを よういしよう

おりがみ 2まい　　**よういするもの** ✂

8 おったところ

7 なかをひらき、つぶすようにおる。
はんたいがわもおる

9 ほのおをつくる
「ほのお」のかみを ずのようにきる
むきをかえる　おおきく

10 おりすじをつける

11 まんなかまで たにおりにする

12 おったところ

つぎのページにつづくよ

おうちの方へ　両面のおりがみを使うと、9〜13の工程を折らずに作ることができます。

のりものをつくろう　119

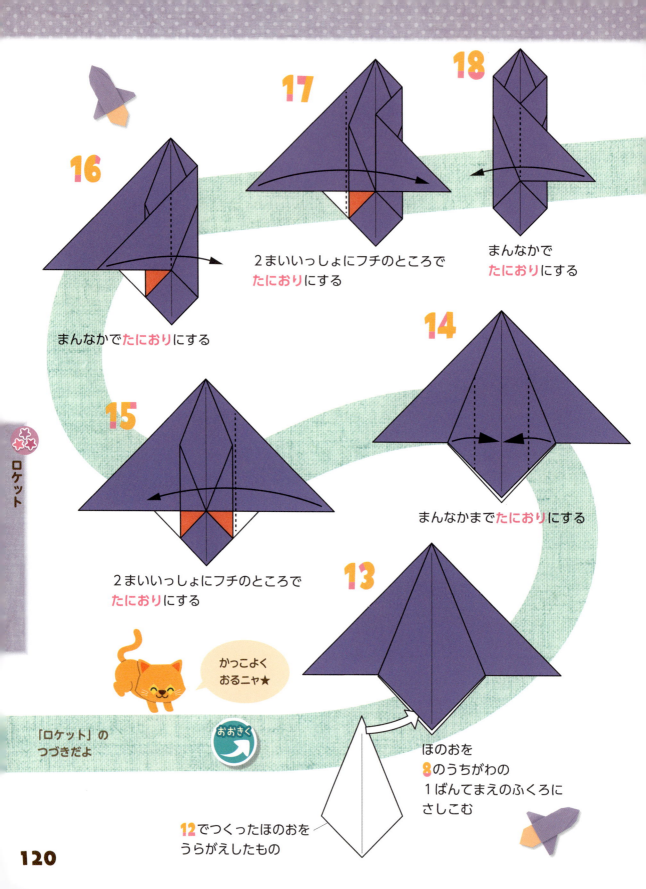

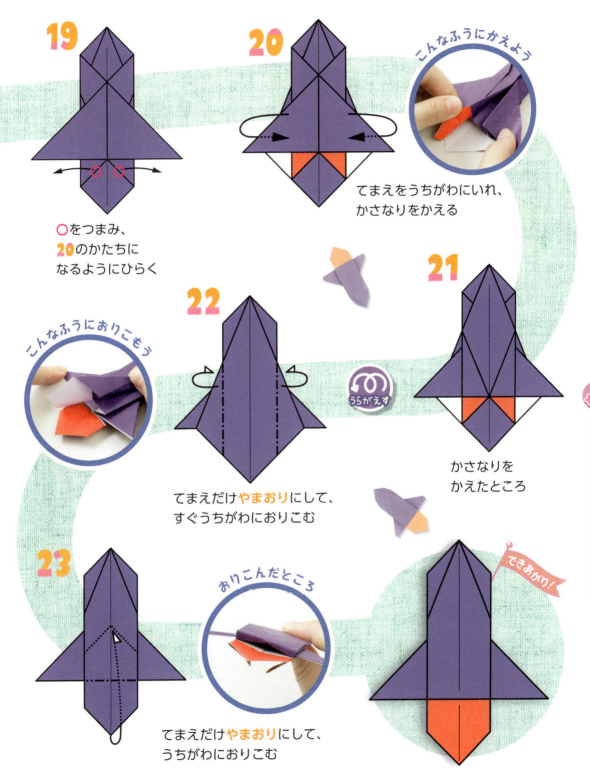

そらをびゅーんと
とんでいくよ

ひこうき

いろをかえて「のりものタウン」をつくろう
▶8ページ　　　　　作者：丹羽兌子

おりがみ 1まい　**よういするもの**

ひこうき

1 おりすじをつける

7と9のなかわりおりをきれいにおるニャ

2 まんなかまでたにおりにする

3 おったところ

うらがえす

4 おくのかみをひきだしながら、まんなかまでたにおりにする

5 まんなかでたにおりにする

6 ずのようにおりすじをつける

おおきく

7 なかわりおり（23ページ）をする

ここからおろう

おうちの方へ　窓はクレヨンでかくほか、おりがみを貼ってもいいですね。

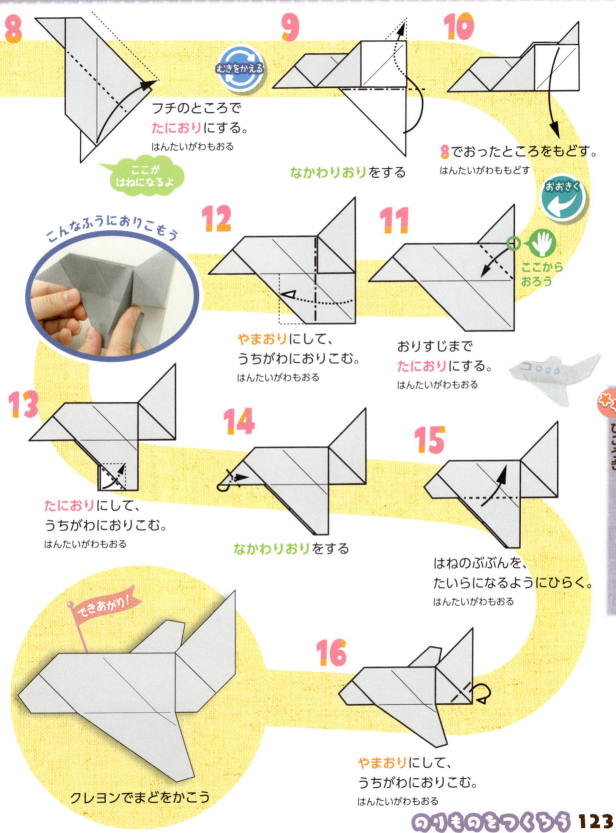

ティラノサウルス

とてもつよい きょうりゅうだ！

ほかのきょうりゅうとあわせて「きょうりゅうワールド」をつくろう
▶11ページ

作者：丹羽兌子

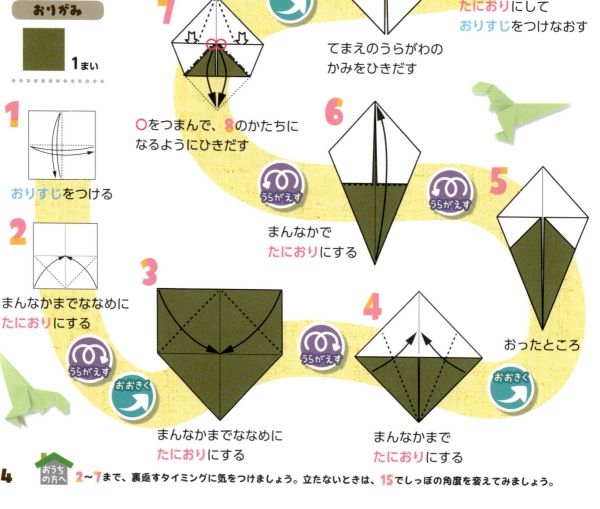

124　おうちの方へ　2〜7まで、裏返すタイミングに気をつけましょう。立たないときは、15でしっぽの角度を変えてみましょう。

23

「ティラノサウルス」のつづきだよ

○と○をあわせるように**やまおり**にしてつぶすようにおり、24のかたちになるようにする

あわせて、つぶすようにおろう

24

なかわりおり
（23ページ）をする

ちいさく

25

このおりすじとまちがえないようにしよう

○を○にあわせるように**たにおり**にする。
はんたいがわもおる

26

そとがわの1まいをつまんで……
そとがわ
そとがわ

いれなおすまえ
あし　しっぽ

あしのぶぶんをはがして……

ひだをいれなおそう
あし

かたほうだけいれなおしたあと
あし　しっぽ

あし　しっぽ
ここからみよう

したからみるとひだがあるので、そとがわの1まいをつまんで、あしのぶぶんをはがしていれなおす。
はんたいがわもいれなおす

27

ここからおろう

おりすじをつける。
はんたいがわもおる

28

うまくいかないときは26ができているかかくにんしよう！

おりすじで**なかわりおり**をする。
はんたいがわもおる

29

カドを**なかわりおり**をする。
はんたいがわもおる

30

カドを**やまおり**にする。
はんたいがわもおる

できあがり！

たたせることができるよ

ティラノサウルス

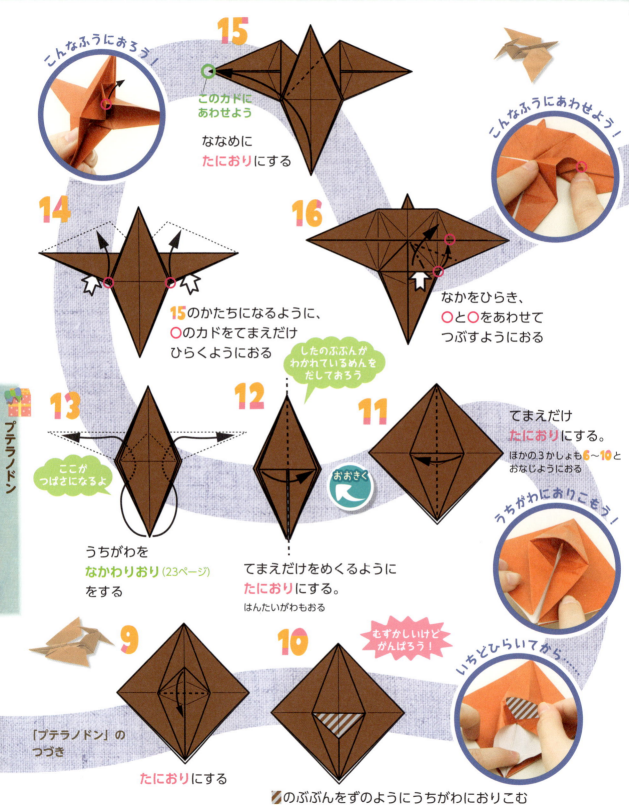

17 15でおったぶぶんをもどす

18 ななめにたにおりにする

このカドにあわせよう

19 なかをひらき、○と○をあわせてつぶすようにおる

20 18でおったぶぶんをもどす

21 まんなかでやまおりにする

むきをかえる
おおきく

22 2まいかさなったままなかわりおりをする

23 2まいかさなったままなかわりおりをする

24 うちがわの1まいだけなかわりおりをする

25 つばさのぶぶんをひらいて、かたちをととのえる

できあがり！

プテラノドン

きょうりゅうをつくろう 129

ブラキオサウルス

なが〜いくびとおおきなからだがかっこいい！

ほかのきょうりゅうとあわせて「きょうりゅうワールド」をつくろう
▶11ページ

作者：丹羽兌子

 おりがみ　 よういするもの

 2まい　 りょうめんテープ

「からだ」、「あたま・しっぽ」の2つのパーツをくみあわせてつくるよ

 からだ　1〜5まで「ふうせん」（52ページ）とおなじだよ

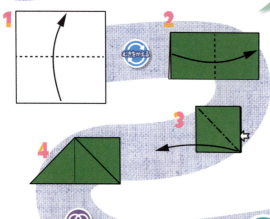

2まいいっしょにおりすじをつける

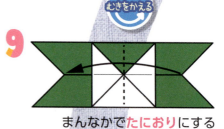
まんなかでたにおりにする

フチのところでたにおりにする

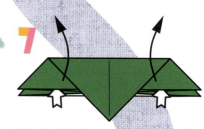
なかをひらき、つぶすようにおる

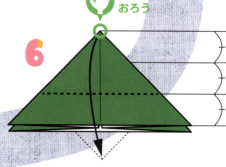
ずのようにカドがとびでるようにたにおりにする

 おうちの方へ　25cm角のおりがみで作ると、より迫力が出ます。

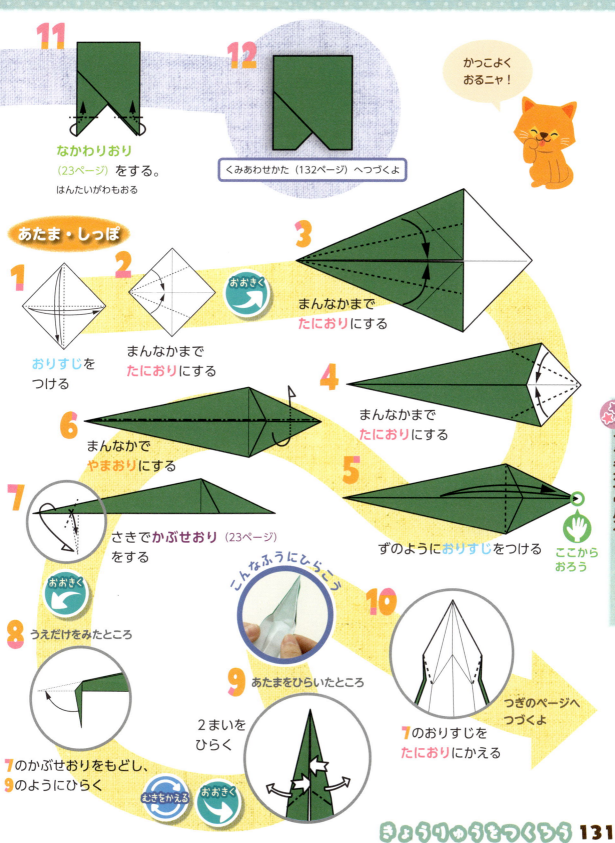

11

「ブラキオサウルス」のつづきだよ

○をうえから
かぶせるようにおる

こんなふうにおろう

12

○と○を
あわせるように
やまおりにして
つぶすようにおり、
13のかたちに
なるようにする

13

なかわりおり
（23ページ）をする

むきをかえる

ちいさく

14

おりすじまでたにおりにする

15

ななめに
たにおりにする

おるかくどで、
くびのかたむきが
かわるよ

16

くみあわせかたへつづくよ

ブラキオサウルス

くみあわせかた

1
からだ

「からだ」をひらき、
りょうめんテープをはる

2
あたま・しっぽ

このカドであわせよう

カドがあうように、1に
「あたま・しっぽ」を
りょうめんテープでとめる

3

おりもどす

4

カドをしっぽにあわせて
なかわりおりをする

できあがり！

132

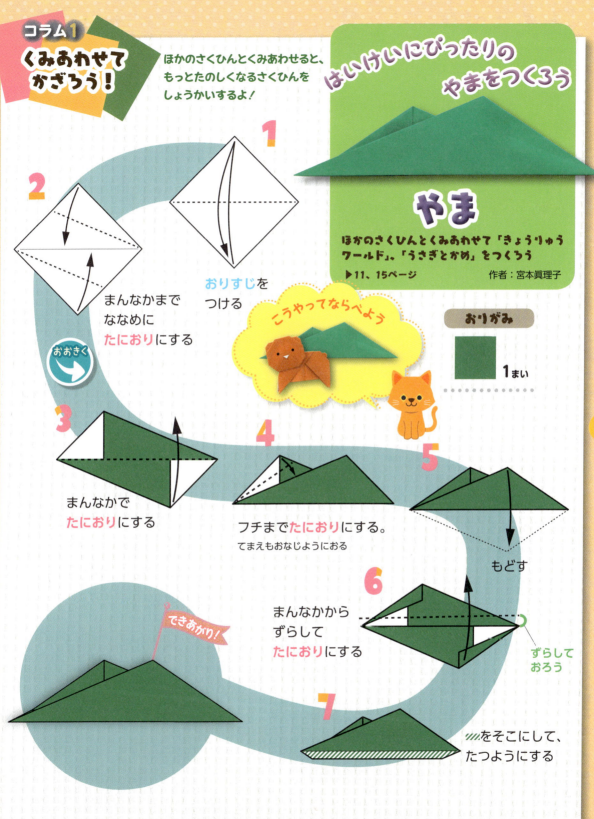

いえ

さんかくのやねがとくちょうだよ！

ほかのさくひんとくみあわせて「のりものタウン」、「3びきのこぶた」をつくろう
▶8、14ページ

作者：宮本眞理子

おりがみ
2まい

「した」、「やね」の2つのパーツをくみあわせてつくるよ

した

1 おりすじをつける

うらがえす　むきをかえる

2 おりすじをつける

3 まんなかまでたにおりにする

4 ずのようにおりすじをつける

5 うえとしたをひらく

6 ○のところでおりすじをつける

7 ○をもってたちあげる

おおきく　むきをかえる

8 むずかしいけどがんばろう！
おりすじにそって○と○、○と○をあわせるようにおり、たちあげる

こんなふうにおろう

9 ○をうちがわにおりこむ

おおきく

10

くみあわせかた（136ページ）へつづくよ

おうちの方へ　「やね」を柄付きのおりがみで折ってもよいでしょう。

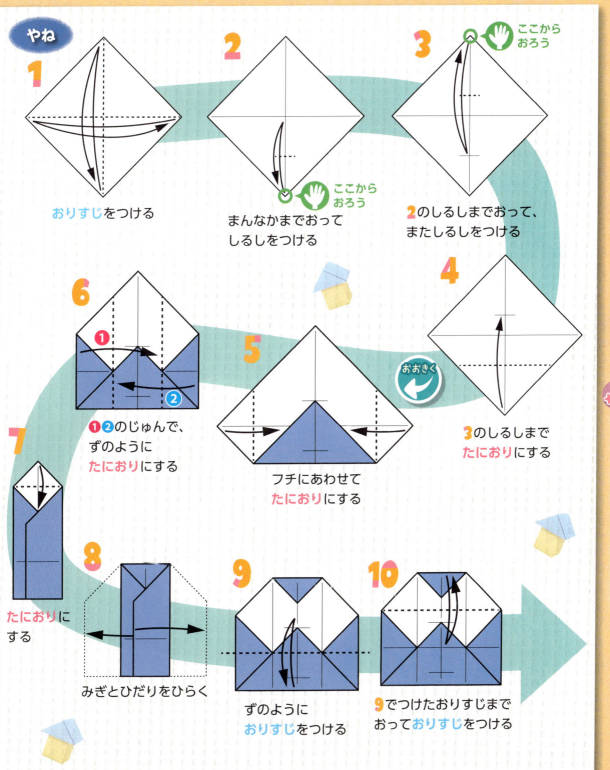

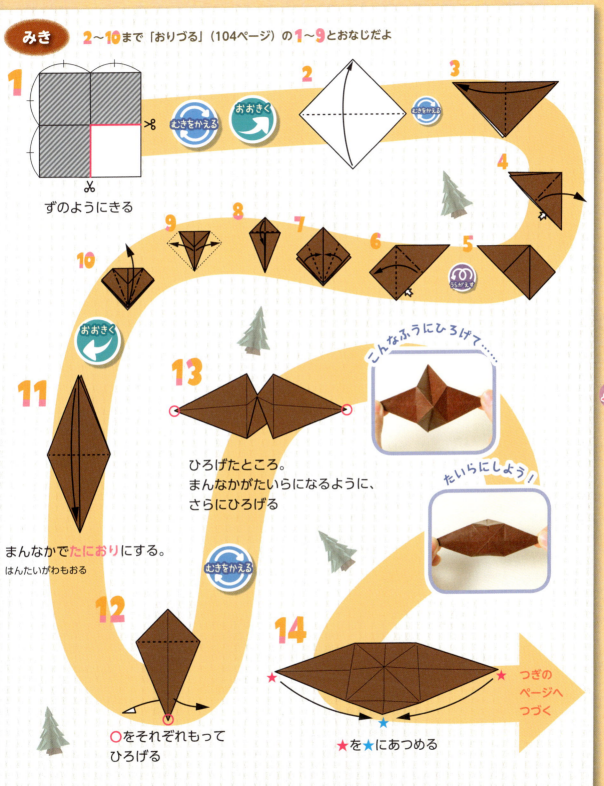

「みき」のつづきだよ

15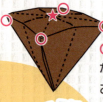
○をつまみ、★をなかにしずめるようにおりすじでおる

こんなふうにつまもう / おったところ

16
すべておったところ

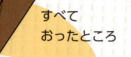
むきをかえる

17

くみあわせかたへつづくよ

くみあわせかた

はっぱ / みき / できあがり！

「みき」を「はっぱ」のしたにさしこむ

さしこんだところをのりでとめてもいいよ♪

アレンジしよう
はっぱのおりかたをかえてつくろう！

はっぱがまっすぐ！
1〜11まで「はっぱ」とおなじだよ

12 てまえの○をつまんでひろげる

13 おったところ

できあがり！
「みき」とくみあわせよう

クリスマスツリーにピッタリ！
1〜13まで「はっぱ」とおなじだよ

14 きりこみからななめにおりすじをつける

15 なかわりおり（23ページ）をする。ほかの3かしょもおなじようにおる

16 てまえの○をつまんでひろげる。はんたいがわもひろげる

17 おったところ

できあがり！
「みき」とくみあわせよう

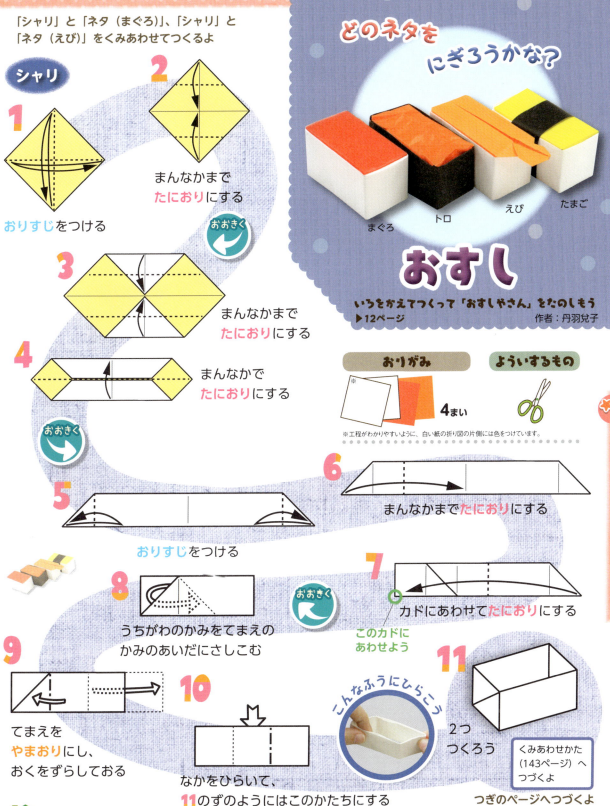

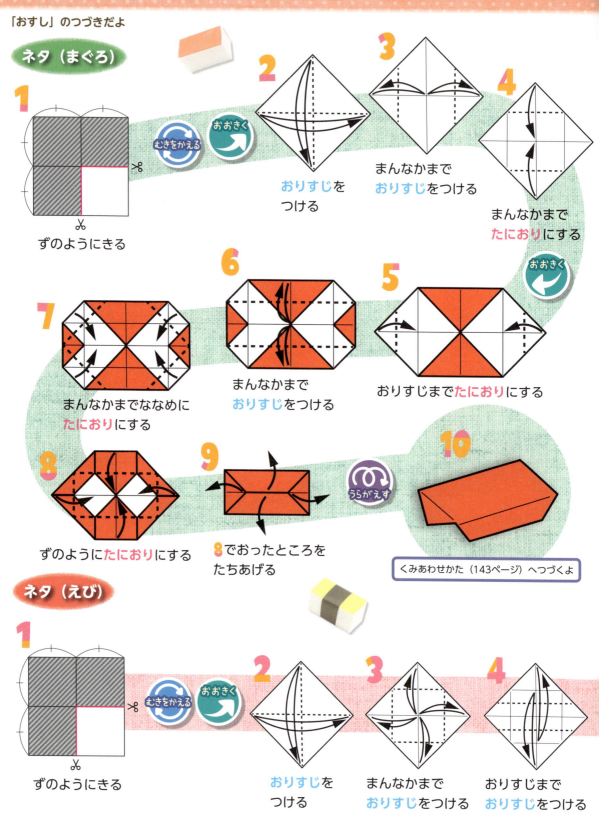

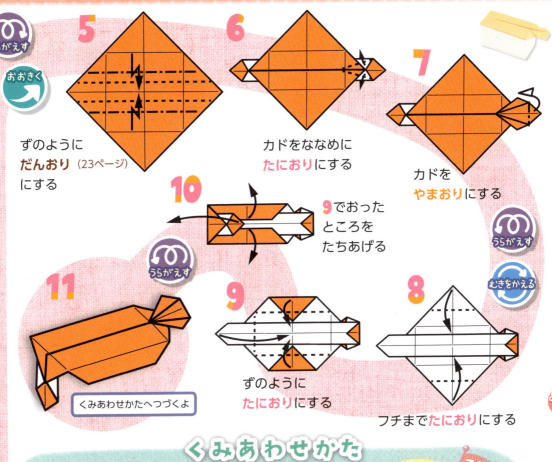

くみあわせかた

「シャリ」のすきまに「ネタ」をさしこむ

できあがり！

アレンジしよう

いろをかえて、ほかのネタもつくってみよう！

 たまご

「ネタ（まぐろ）」をきいろのかみでつくり、くろいかみをきってまく

 トロ

「シャリ」をくろいかみでつくる。「ネタ（まぐろ）」をおって、かみをくしゃくしゃにしてのせ、ぐんかんまきにする

いか （12ページをみてね）
「ネタ（まぐろ）」をしろいかみでつくり、ほそくきったみどりのかみをうえにちらす

いくら （12ページをみてね）

「ネタ（まぐろ）」をがらのついたかみでつくる

ハンバーガー

なかみをはさんで できあがり！

ほかのさくひんとくみあわせて「ピクニック」をたのしもう
▶9ページ
作者：丹羽兌子

よういするもの

おりがみ 5まい／はさみ

「バンズ・ハンバーグ・トマト」と「レタス」をくみあわせてつくるよ

バンズ・ハンバーグ・トマト

1 おりすじをつける

2 まんなかまでたにおりにする

3 まんなかまでたにおりにする

4 おりすじまでたにおりにする

5 ○と○をあわせるようにおりすじをつける

6 ○を7のようにもちあげる

7 ○をつまみ○にあわせるように5のおりすじでたにおりにしながら○と○をあわせており、○をもどす

むずかしいけどがんばろう！

もちあげておって……

○をもどそう

8 ○をつまんで○にあわせるようにしたにおり、たおしてつぶす

おおきく

おうちの方へ 「ポテト」（148ページ）と組み合わせると「ハンバーガーやさんごっこ」をして遊べます。

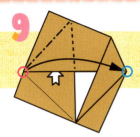
9
○をつまんで○に
あわせるようによこに
おり、たおしてつぶす

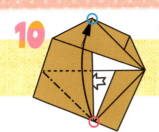
10
○をつまんで○に
あわせるようにうえに
おり、たおしてつぶす

11
○をつまんで○に
あわせるように
たにおりにする

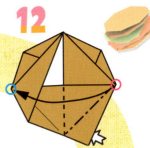
12
○をつまんで○に
あわせるようによこに
おり、たおしてつぶす

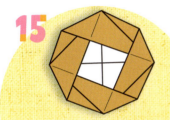
15
「バンズ」は2つつくろう。
「ハンバーグ」はちゃいろ、
「トマト」はあかのかみで
1つずつつくろう

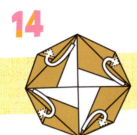
14
カドをさしこむ

13
○をつまんで○にあわせる
ようにたにおりにする

レタス

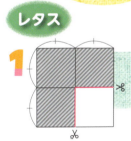
1
ずのようにきる

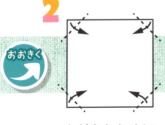
2
カドをななめに
たにおりにする

3
おったところ

4
くみあわせかたへつづくよ

ハンバーガー

くみあわせかた

バンズ
ハンバーグ
レタス
トマト
バンズ

「バンズ」のあいだに、
「ハンバーグ」や
「レタス」、
「トマト」をはさむ

できあがり！
いろをかえて、
なかのぐをかえても
たのしいよ

「レタス」とおなじ
おおきさにきった
きいろいかみをはさむと、
「チーズバーガー」に！

サンドイッチ

いろんななかみをはさもう!

いろをかえてつくって「ピクニック」をたのしもう
▶9ページ　作者：丹羽兌子

おりがみ
3まい
※工程がわかりやすいように、白い紙の折り図の片側には色をつけています。

よういするもの
はさみ

「パン」、「なかみ」をくみあわせてつくるよ

パン

1 おりすじをつける

2 まんなかまでたにおりにする

おおきく

3 1つのカドだけもどす

4 ななめにたにおりにする

5 たにおりにする　このカドにあわせよう

6 たにおりにしてカドをふくろにさしこむ

むきをかえる

7 くみあわせかた（147ページ）へつづくよ

おうちの方へ　「なかみ」を入れかえることができるので、おままごとにピッタリです。

146

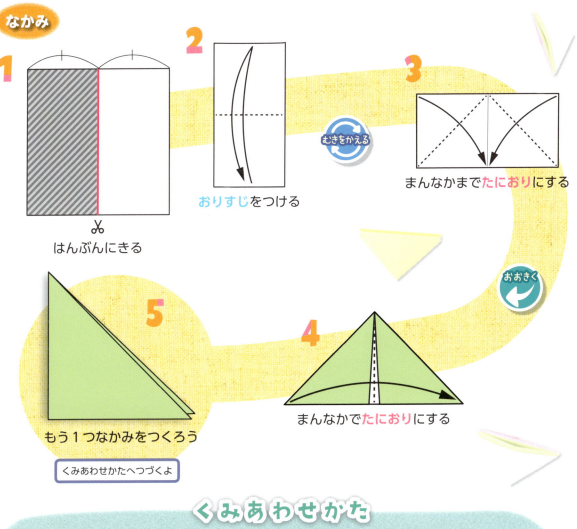
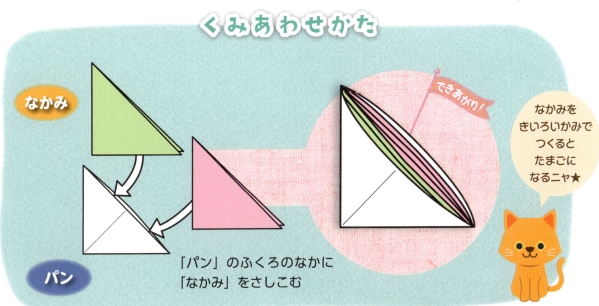

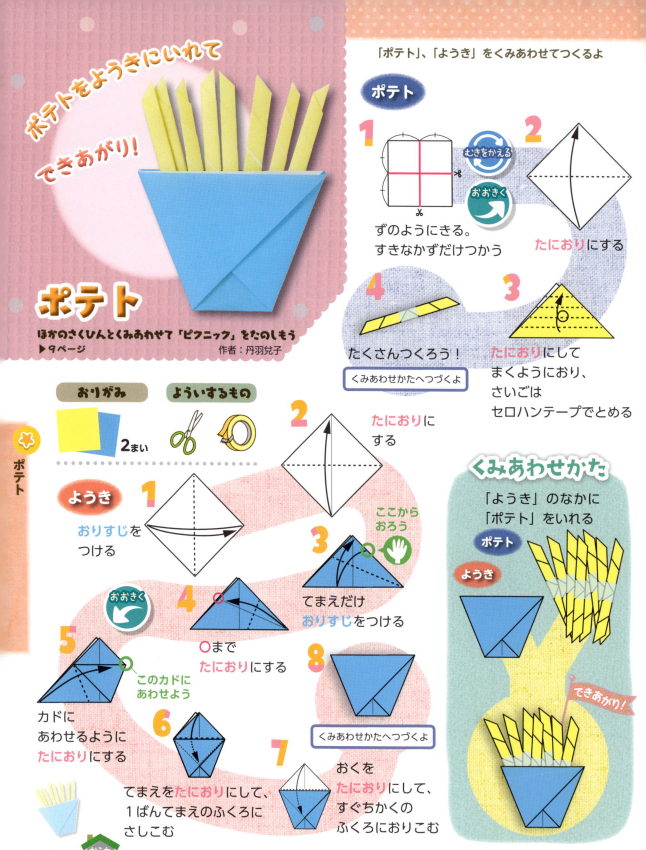

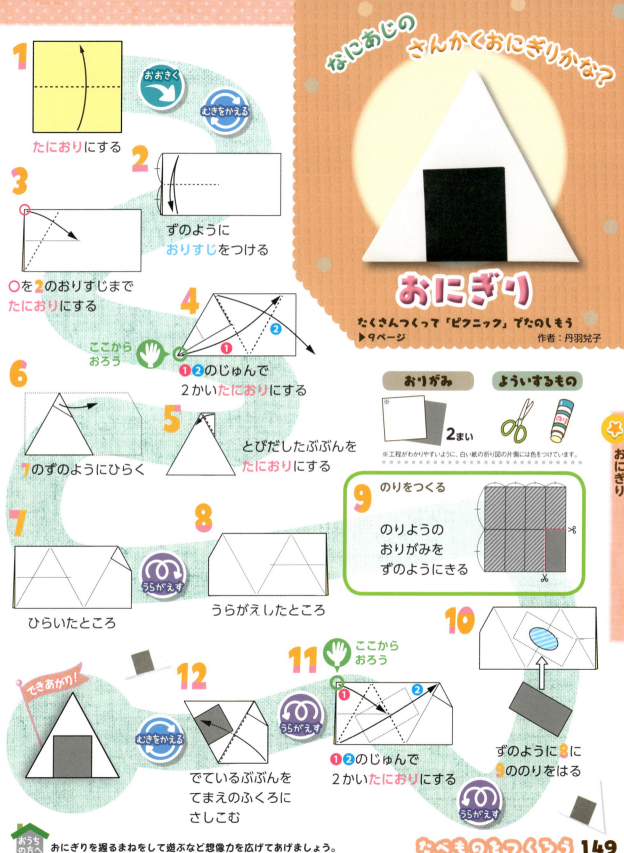

おべんとうのおかずの にんきもの!

タコウィンナー

たくさんつくって「ピクニック」でたのしもう
▶9ページ　　　作者：丹羽兌子

おりがみ 1まい
よういするもの

タコウィンナー

1 はんぶんにきる

あしがポイントだニャ!

2 おりすじをつける

3 たにおりにする

4 ずのようにしるしをつける　ここからおろう

5 4でつけたしるしまできる

6 ひらく

150　おうちの方へ　10、12で足を折る角度を変えても楽しめます。

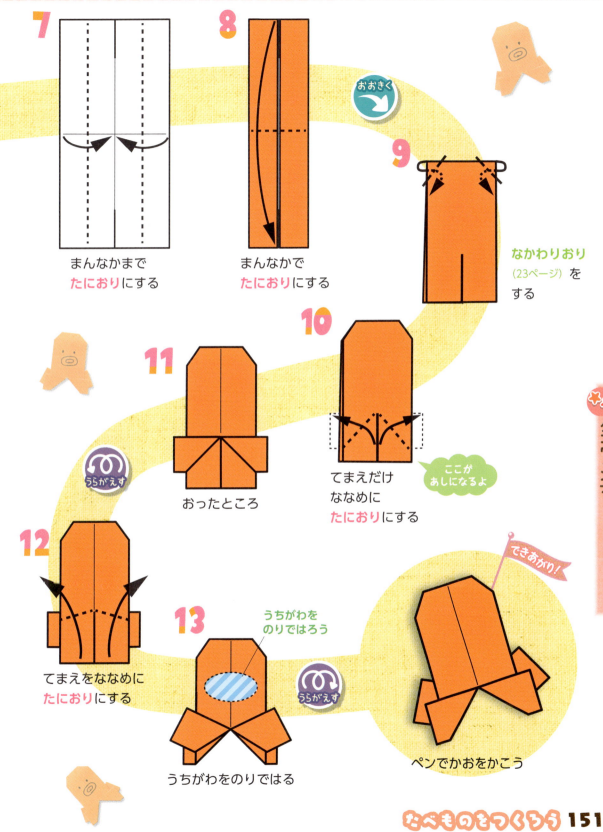

あまくておいしいフルーツ！

いちご

たくさんつくって「ピクニック」でたのしもう
▶9ページ　　　　　　　　　　作者：丹羽兒子

おりがみ 2まい　**よういするもの** はさみ・のり

いちご ★★

「み」、「へた」の2つのパーツをくみあわせてつくるよ

み

1 はんぶんにきる

むきをかえる

2 おりすじをつける

3 まんなかまでたにおりにする

おおきく

4 すきまをあけよう
まんなかをあけてななめにたにおりにする

5 カドをたにおりにする
おるはばでみのかたちがかわるよ

6 おったところ
うらがえす

7

くみあわせかた（153ページ）へつづくよ

152　おうちの方へ　「へた」は小さくて少し難しいので、一緒に折ってあげましょう。

へた　2〜6まで「おりづる」(104ページ)の1〜5とおなじだよ。
いろのついためんをおもてにしておろう

1 ずのようにきる

2

3 むきをかえる

4

5 うらがえす

6

7 まんなかまで おりすじをつける。
はんたいがわもおる
おおきく　むきをかえる

8 たにおりにする

9 カドをおったまま なかをひらく

10 ○をつまんでひらき、つぶすようにおる
こんなふうにひらこう

11 おったところ

12 13のかたちになるように ○をまんなかに あつめるようにつぶす
1つずつおろう

13 おったところ
うらがえす

14
くみあわせかたへつづくよ

くみあわせかた

へた

み

「へた」を「み」の うえにかさねて、 のりでとめる

いちごのたねを かいてもいいよ

できあがり！

いちご

たべものをつくろう　153

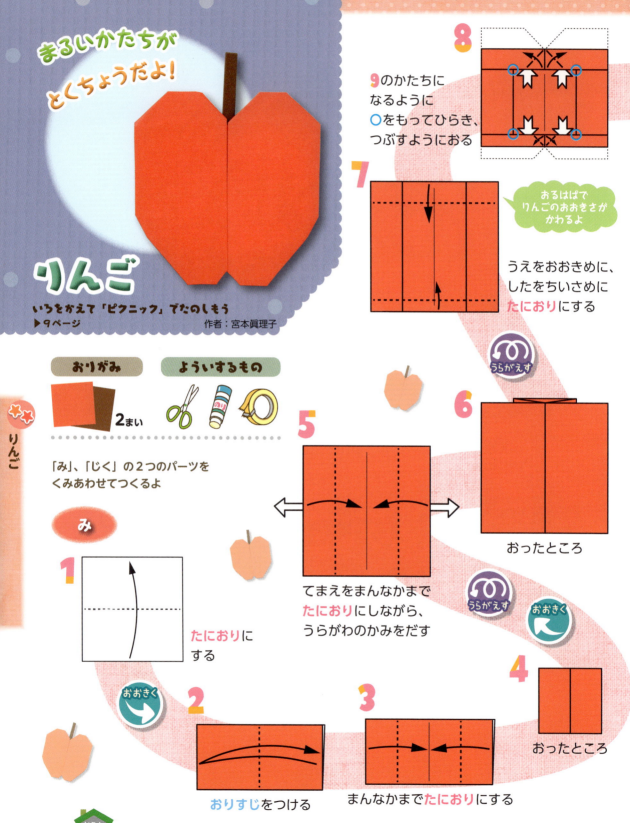

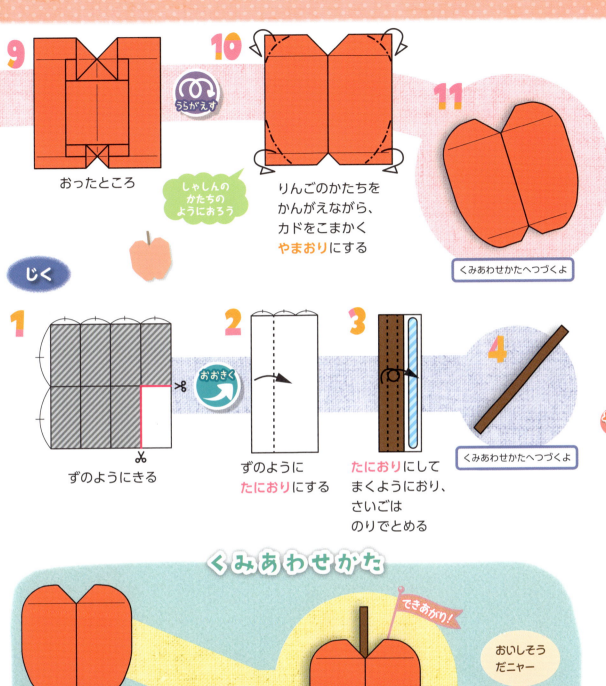

9 おったところ

うらがえす

10 りんごのかたちを かんがえながら、 カドをこまかく やまおりにする

しゃしんの かたちの ようにおろう

11 くみあわせかたへつづくよ

じく

1 ずのようにきる

おおきく

2 ずのように たにおりにする

3 たにおりにして まくようにおり、 さいごは のりでとめる

4 くみあわせかたへつづくよ

りんご

くみあわせかた

み

じく

できあがり！

おいしそう だニャー

「じく」がみえるように、 「み」のうしろに セロハンテープでとめる

たべものをつくろう 155

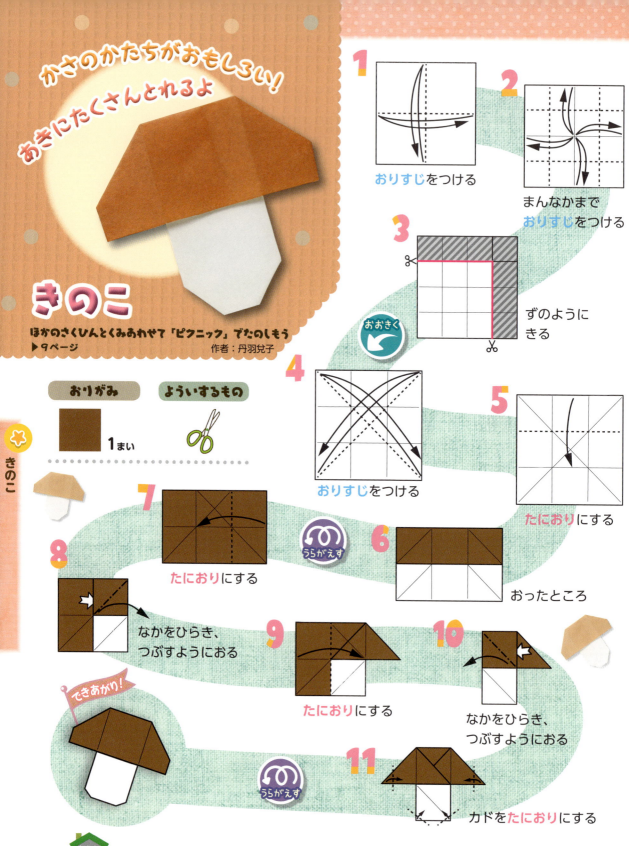

「コーン」、「アイスクリーム」の2つを くみあわせてつくるよ

コーン

1
まんなかにすこし ながめのしるしを つける

2
カドを**1**のしるしに あわせてななめに **たにおり**にする

3
フチにあわせて **たにおり**にして、 のりでとめる

4
くみあわせかたへつづくよ

つめたくてあま〜い デザートはいかが？

アイスクリーム

いろをかえて「アイスクリームやさん」をつくろう
▶13ページ
作者：宮本眞理子

おりがみ 2まい

よういするもの

アイスクリーム

1
かみをてでもんで、 しわしわにする

2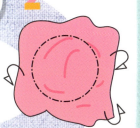
しゃしんのように まるくなるように **やまおり**にする

3
くみあわせかたへつづくよ

くみあわせかた

「アイスクリーム」を 「コーン」のなかにいれる

いろをかえて たくさんつくるニャ

できあがり！

おうちの方へ　「アイス」をいくつか作って上に重ね、2〜3段にしても楽しいでしょう。

たべものをつくろう　157

フォークとスプーン

おままごとにつかおう♪

ほかのさくひんとくみあわせて「ピクニック」をたのしもう
▶9ページ　　作者：宮本眞理子

「フォークのさき」と「もちて」、「スプーンのさき」と「もちて」をそれぞれくみあわせてつくるよ

フォークのさき

2〜6まで「ふうせん」（52ページ）の1〜5とおなじだよ

1 ずのようにきる

2 おおきく／むきをかえる

3

4

5

6 おおきく／むきをかえる

7 すきまをあけよう　てまえだけ、まんなかをすこしあけてななめにたにおりにする

8 フチまでななめにたにおりにする

9 フチからすこしずらしてななめにたにおりにする

おるはばでフォークのかたちがかわるよ

10 フチまでななめにたにおりにする

11 おったところ　うらがえす

12 くみあわせかた（159ページ）へつづくよ

ようい するもの

おりがみ 3まい／はさみ／のり

おうちの方へ：「もちて」の部分の色や柄を変えて、楽しく作りましょう。

158

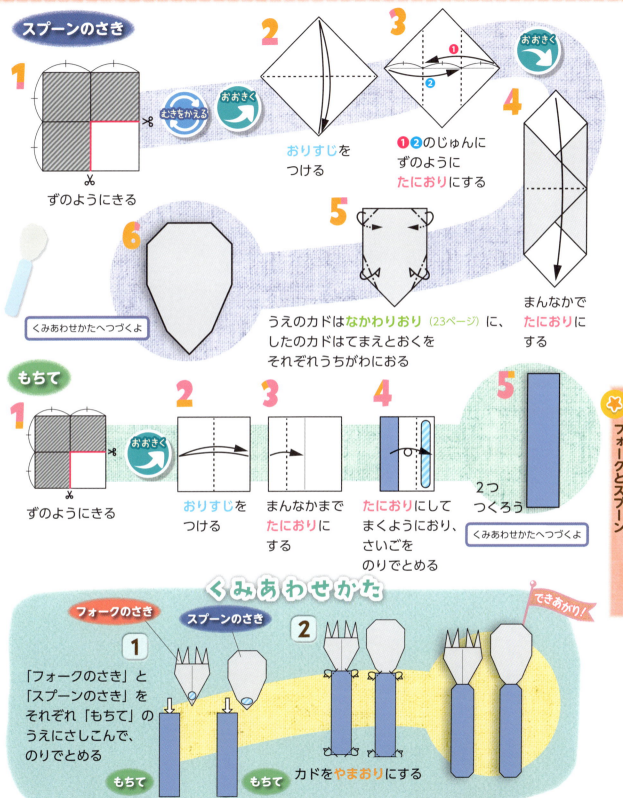

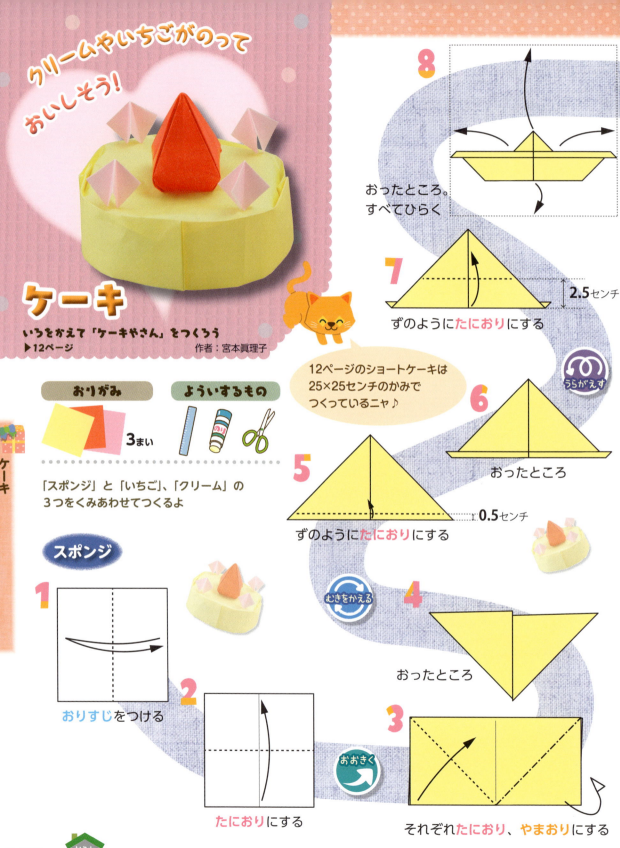

9

おりすじを**たにおり**にして、**おりすじ**をつけなおす。4すみのななめのおりすじは**やまおり**にして**おりすじ**をつけなおす

10

❶（あかいせん）
❷（あおいせん）

❶のおりすじどおりにおって、**11**のずのようにする

こんなふうにおろう

11

カドはおなじむきにする。かたちをととのえる

12

フチを❿の❷のおりすじでかぶせるようにおり、のりでとめる

こんなふうにかぶせよう

13

かぶせたところ

うらがえす
おおきく

14

むずかしいけどがんばろう！

○をかるくへこませながら
○をつまみ、つまんだところをよこにたおす

こんなふうにつまもう
ここをへこませる

15

ほかのカドもおなじむきにたおす

16

ここではまだまるくなくてもだいじょうぶ！

たおしたところをのりでとめる

17

うらがえす

うちがわからカドをおさえながら、かたちをまるくととのえる

こんなふうにおさえよう

18

うらがえす

くみあわせかた（163ページ）へつづくよ

つぎのページへつづくよ

ケーキ

たべものをつくろう **161**

「ケーキ」のつづきだよ

いちご 2～6までは「おりづる」（104ページ）の1～5とおなじだよ

1 ずのようにきる

2 むきをかえる／おおきく

3 むきをかえる

4

5

6 うらがえす／おおきく

7 てまえだけまんなかまで**おりすじ**をつける

8 なかをひらき、つぶすようにおる

9 おったところ。ほかの3かしょもおる

10 ぜんぶいっしょにフチのところで**おりすじ**をつける

11 てまえだけ**たにおり**にする。はんたいがわもおる

12 てまえをうちがわにいれる。なかのひだをはさむようにする。はんたいがわもひだをはさみ、ほかの2かしょははさまないようにする

こんなふうにいれよう／いれこんだところ

13 カドに**おりすじ**をつける。はんたいがわもつける

まんなかまでおらないようにしよう

14 よこのすきまをひらき、ずのようにカドをなかにおりこむ。はんたいがわもおりこむ

こんなふうにおろう

おったところ

15 したからゆびをいれてふくらませ、かたちをととのえる

こんなふうにととのえよう

16 すきなかずだけつくろう

くみあわせかた（163ページ）へつづくよ

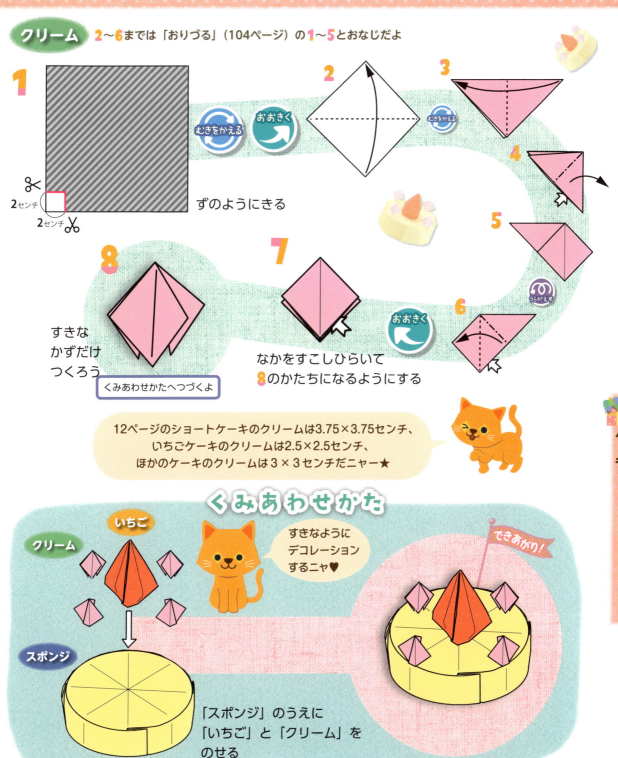

「ケーキ」のつづきだよ

アレンジしよう

「ちいさいスポンジ」や「ちゅうくらいのスポンジ」をつくって、2だんケーキや3だんケーキをつくろう！

ちいさいスポンジ

1～4まで「スポンジ」とおなじだよ

むきをかえる

5 ずのようにだんおり（23ページ）にする

6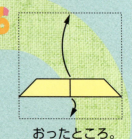
おったところ。すべてひらく

7
おりすじをたにおりにして、おりすじをつけなおす。
4すみのおりすじはやまおりにしておりすじをつけなおす

できあがり！

8～さいごまで「スポンジ」の10～18とおなじだよ
「スポンジ」にかさねよう！

ちゅうくらいのスポンジ

1～4まで「スポンジ」とおなじだよ

むきをかえる

5
ずのようにたにおりにする

6 おったところ

うらがえす

7 ずのようにたにおりにする

8
おったところ。すべてひらく

9
おりすじをたにおりにして、おりすじをつけなおす。
4すみのおりすじはやまおりにしておりすじをつけなおす

できあがり！

10～さいごまで「スポンジ」の10～18とおなじだよ
「スポンジ」にかさねよう！

はるにさく かわいいはな！

チューリップ

ほかのさくひんとくみあわせて「いきものランド」。
「はなたば」をつくろう
▶2、10ページ

伝承作品

おりがみ 　1まい

1 おりすじをつける

2 たにおりにする

おおきく

3 おるはばではなのかたちがかわるよ

まんなかをあけるようにななめにたにおりにする

できあがり！

おおきさをかえてつくってみるニャ♪

おうちの方へ　「ははのひカーネーション」（196ページ）の茎をつけてもいいでしょう。

はなをつくろう　165

あじさい

つゆのきせつにみられるね！
たくさんつくろう

ほかのさくひんとくみあわせて「あめのひ」、「はなたば」を
つくろう
▶3、10ページ　　　　　　伝承作品

よういするもの
おりがみ　1まい
はさみ

2〜6まで「おりづる」（104ページ）の1〜5と
おなじだよ。
いろのついためんをおもてにしておろう

1. ずのようにきる
2. むきをかえる／おおきく
3.
4.
5.
6. うらがえす／むきをかえる
7. てまえをまんなかまでたにおりにする／おおきく
8. おったところ
9. まんなかまでたにおりにする
10. ここからおろう／おりすじをつける
11. てまえの〇をおりさげ、なかをひらいてつぶすようにおる

できあがり！
すきなかずだけつくろう

おうちの方へ　作品を組み合わせて、画用紙などにはって飾ってみましょう。

1～5まで「おりづる」（104ページ）とおなじだよ。
いろのついためんをおもてにしておろう

なつによくみる まあるいはな

あさがお

いろんなはなとくみあわせて「はなたば」をつくろう
▶10ページ　　　　　　　　　　　伝承作品

おりがみ　1まい
よういするもの　はさみ

あさがお

6 てまえをまんなかまでたにおりにする

8 まんなかまでたにおりにする

7 おったところ

9 まんなかでおりすじをつける
ここからおろう
なるべくまるいかたちにきろう

10 ずのようにはさみできる

11 てまえの○をおりさげ、なかをひらいてつぶすようにおる

できあがり！

おうちの方へ　10のはさみで切る前に、えんぴつで下書きをするときれいな形に切れます。

はなをつくろう　167

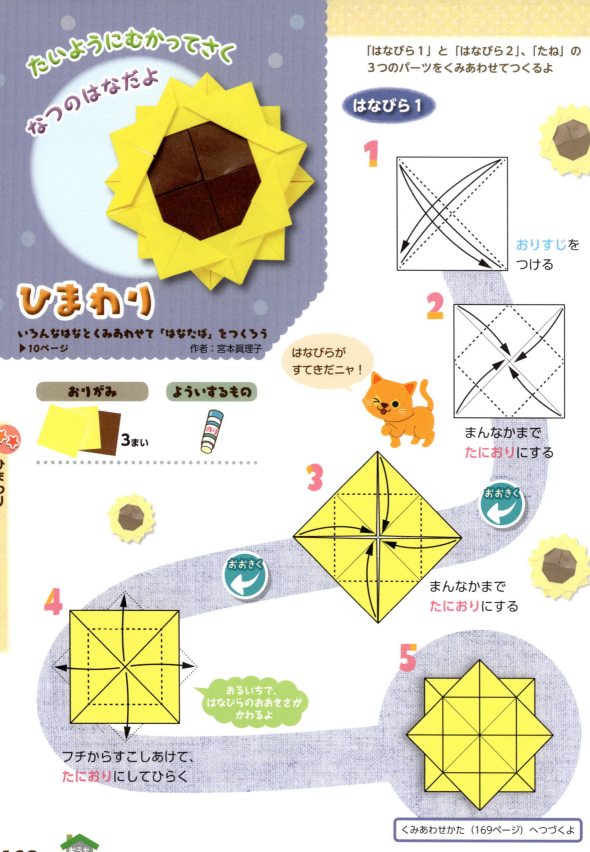

はなびら2 1〜4まで「はなびら1」とおなじだよ

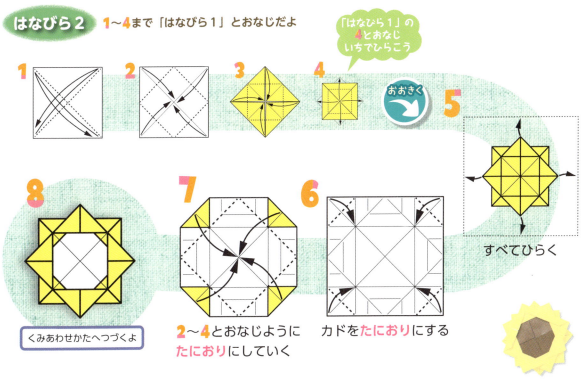

たね 「はなびら1」1〜3までとおなじだよ

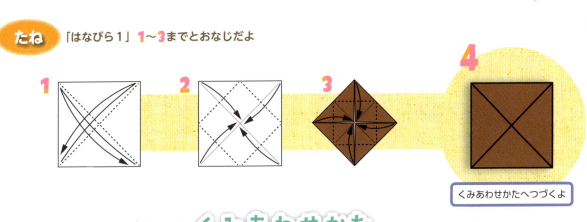

くみあわせかた

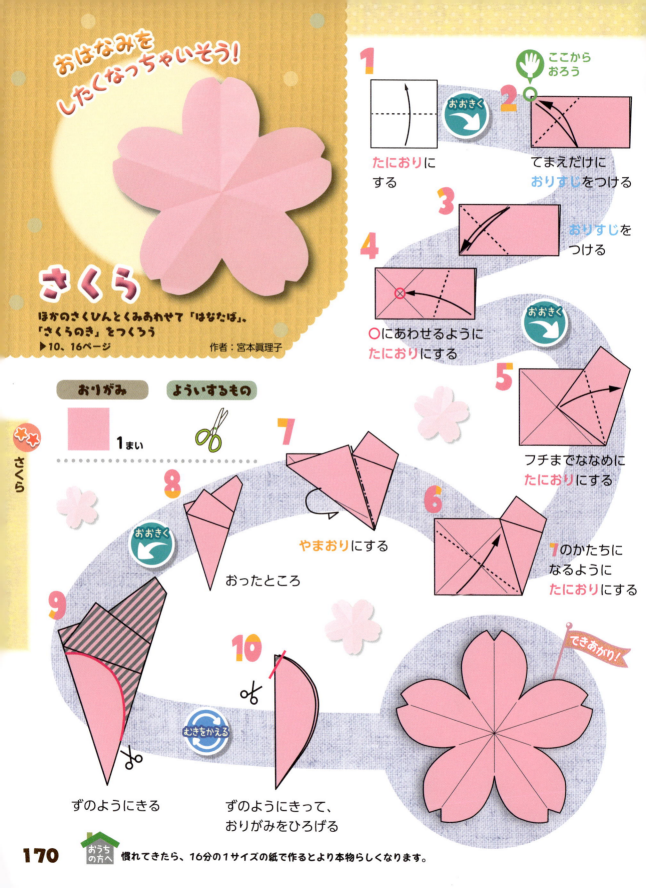

いろいろな色でつくってみよう

コップ

伝承作品

1
おりすじをつける

2
たにおりにする

3
てまえだけおりすじをつける

ここからおろう

4
○までたにおりにする

5
カドにあわせるようにたにおりにする

このカドにあわせよう

6
てまえだけたにおりにする。
はんたいがわもおる

できあがり！

もようのはいったかみでもかわいいニャ

おりがみ 1まい

コップ

おうちの方へ　小さなお菓子や雑貨を入れて、小物入れとしても使えます。

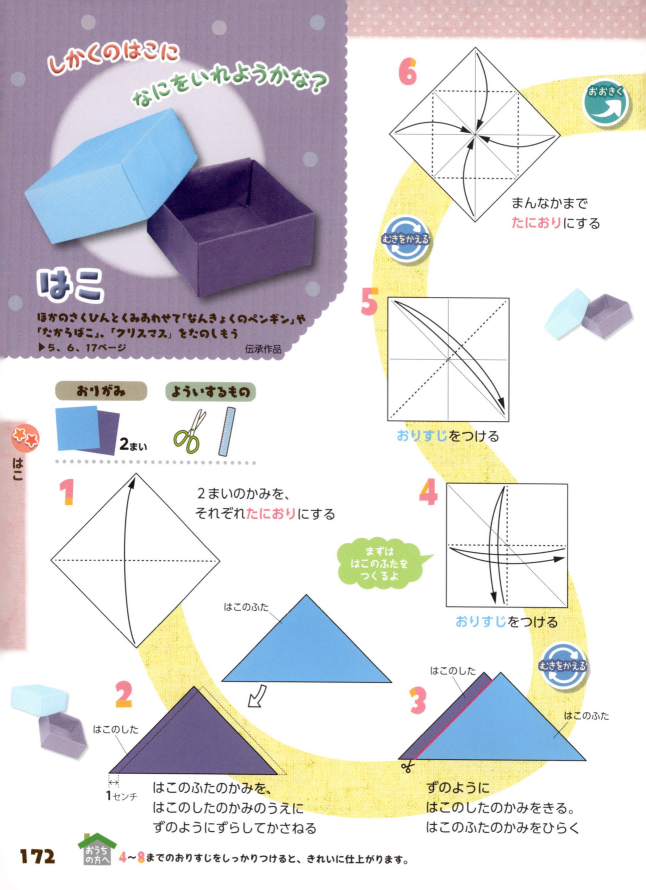

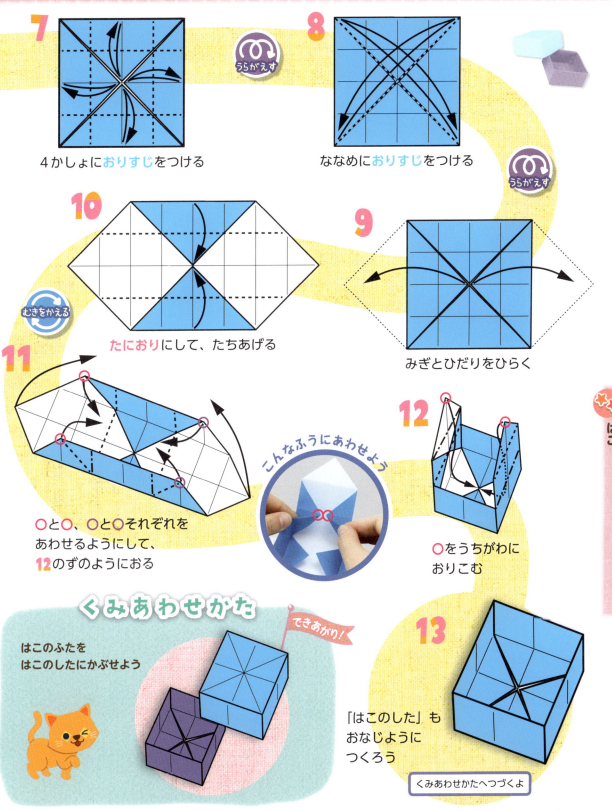

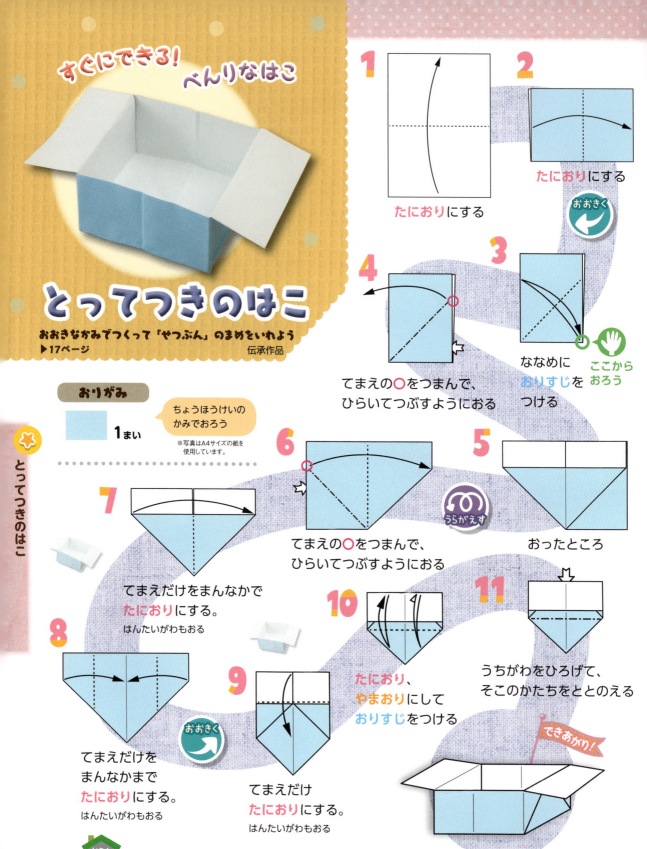

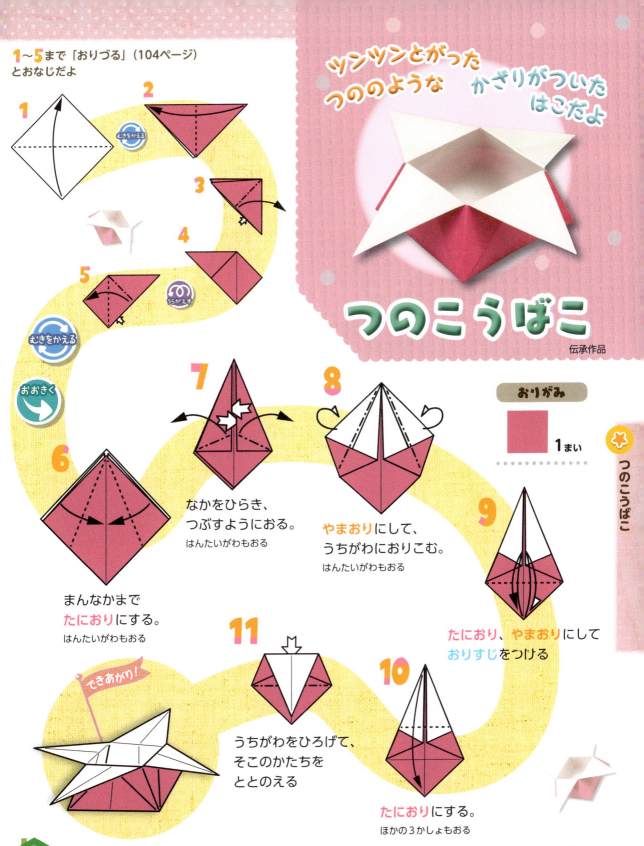

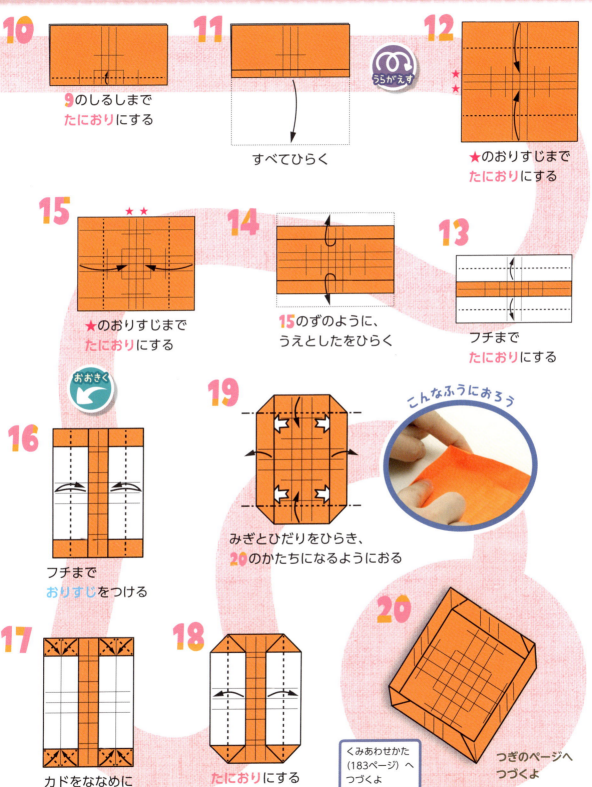

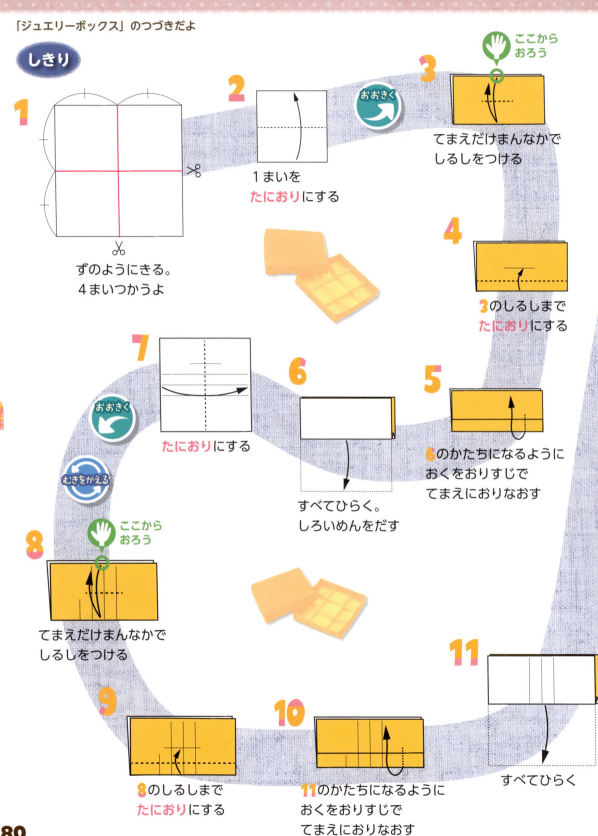

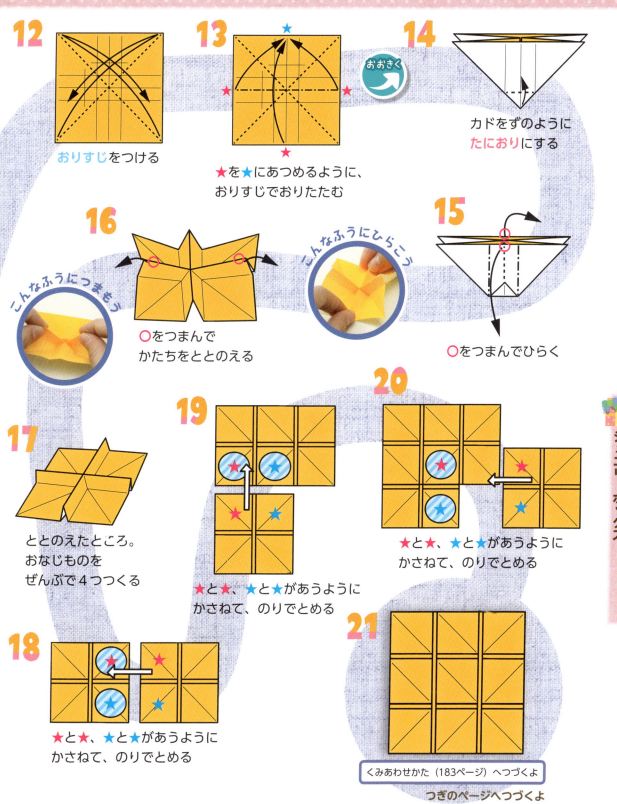

「ジュエリーボックス」のつづきだよ

ふた

1 おりすじをつける

2 おりすじをつける

3 ここでまじわるようにしよう
1のおりすじとまじわるように、2のおりすじまでおってしるしをつける

4 3のしるしまでたにおりにする

5 フチのところでたにおりにする

おおきく

6 3のしるしまでたにおりにする

7 フチのところでたにおりにする

8 9のかたちになるように、うえとしたをもどす

9 むずかしいけどがんばろう！
なかをななめのおりすじにあわせてひらき、つぶすようにおる

ジュエリーボックス

182

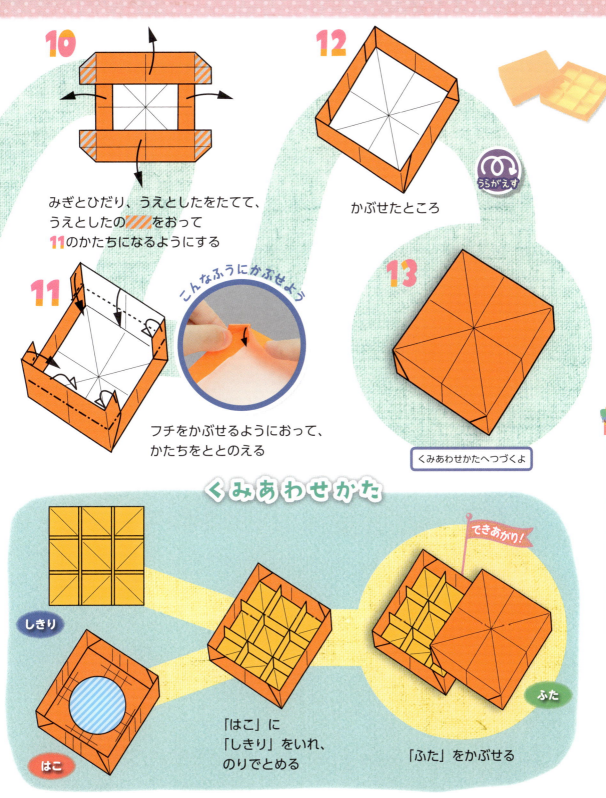

コラム2 くみあわせてつかおう！

ほかのさくひんとくみあわせてつかうと、もっとたのしくなるさくひんをしょうかいするよ！

「うでわ」や「ゆびわ」にかざると もっとかわいい★

ハート

ほかのさくひんとくみあわせて「ジュエリーボックス」、「3びきのくま」をたのしもう
▶4、14ページ

作者：宮本眞理子

64ページのうでわには7.5×7.5cm、ゆびわには3.75×3.75cmのかみがオススメ！

おりがみ 1まい

1 おりすじをつける

2 たにおりにする

3 まんなかまでたにおりにする

4 おったところ　おおきく

5 てまえの2まいだけたにおりにする　うらがえす

6 フチにあわせてたにおりにする　おるはばでハートのかたちがかわるよ

7 カドをたにおりにする

8 おったところ　うらがえす

できあがり！

中にメモをかけばお手紙に、後ろにひもをつければペンダントになります。

184

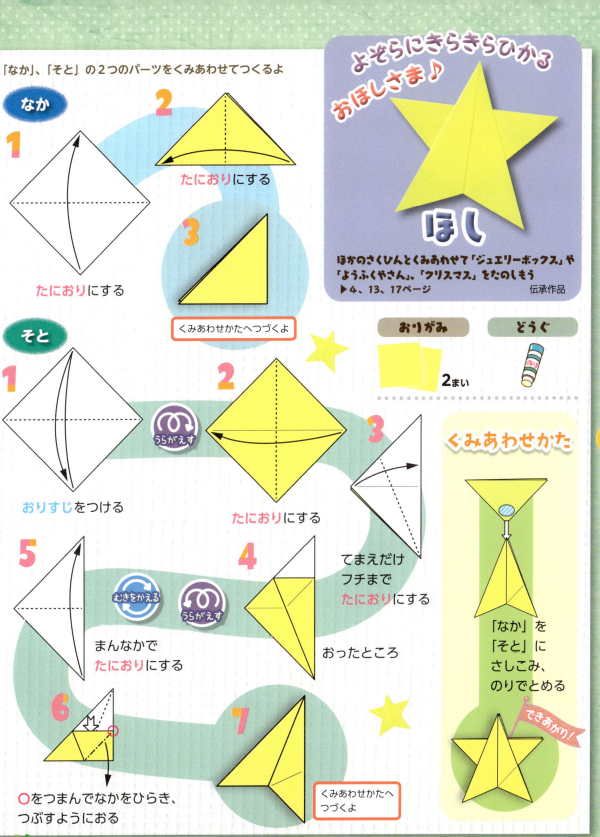

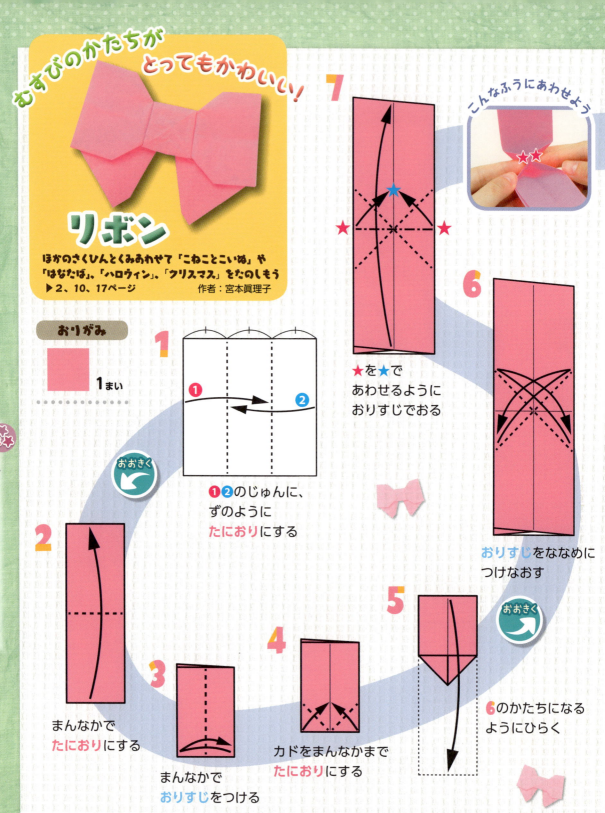

どんなしゃしんを
かざろうかな？

しゃしんを
はずしたところ

しゃしんたて

ほかのさくひんといっしょに「ははのひ」に
プレゼントしよう
▶16ページ

作者：宮本眞理子

7
5のおりすじとまんなかで
まじわるようにななめに
たにおりにする

ここでまじわる
ようにしよう

6
5でおったところをもどす

おりがみ **よういするもの**

1まい しゃしんなど

※15cm角の紙で折る場合、
L版サイズの写真がピッタリです。

しゃしんたて

5
フチからすきまをあけて
ななめにたにおりにする

すきまを
あけよう

1
たにおりに
する

おおきく

4
ななめにたにおりにする

2
まんなかで
おりすじをつける

3
てまえだけずのように
たにおりにする

190 おうちの方へ 写真やポストカード等、飾るものに合わせて**13**で折る幅を変えましょう。

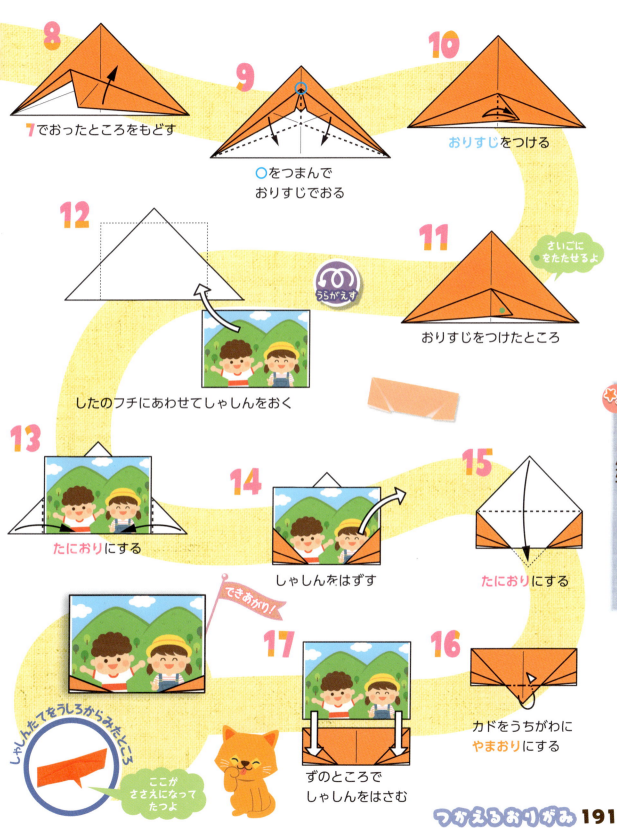

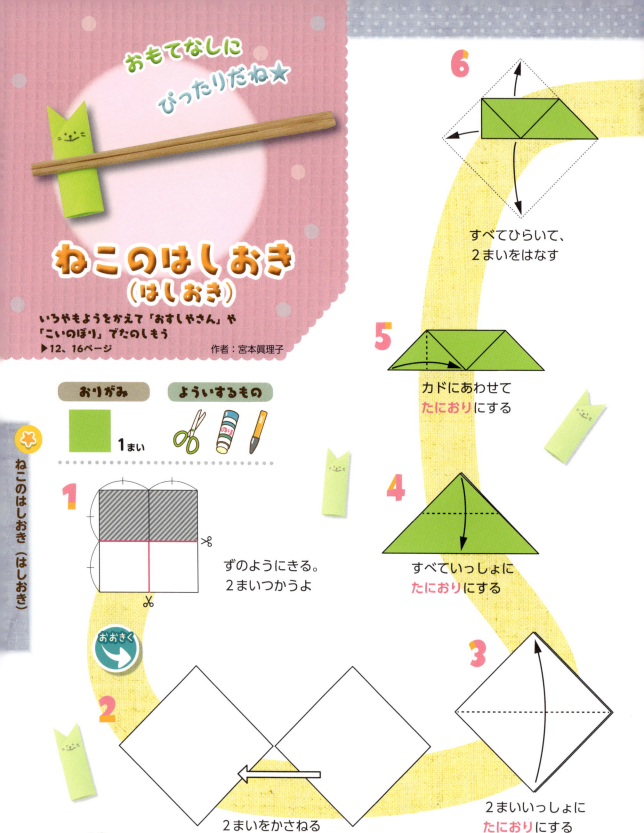

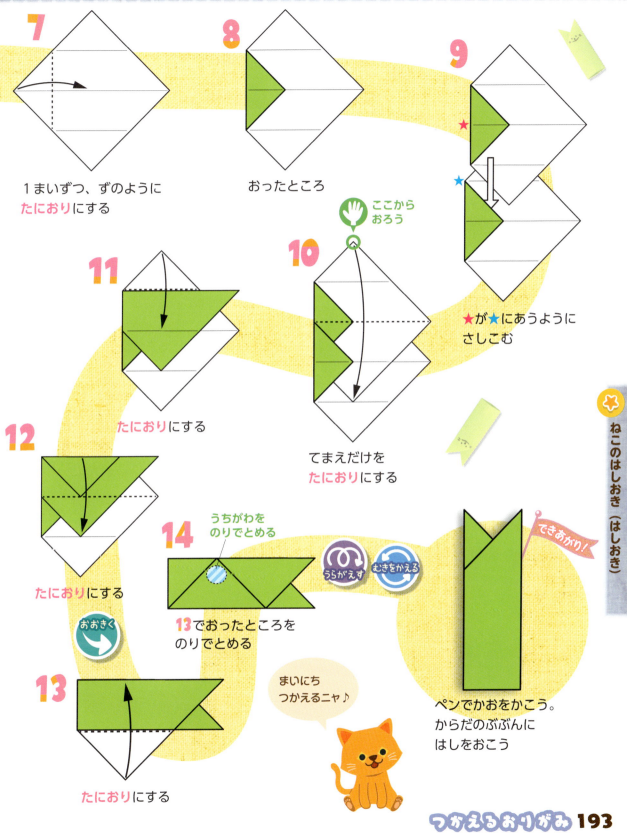

おにのおめん

こわ〜い おにのおめんの できあがり！

いろんなかおをつくって「せつぶん」でたのしもう
▶17ページ　　作者：丹羽兌子

おりがみ
おおきめの かみでおろう
1まい

よういするもの
わゴム

1. おりすじをつける
2. たにおりにする
3. まんなかまで おりすじをつける（むきをかえる／おおきく）
4. てまえだけ たにおりにする（とびだすカドのおおきさでかみのけのりょうがかわるよ）
5. とびだしたカドを やまおりにする
6. カドを たにおりにし、うちがわにいれる（おるはばでかおのながさがかわるよ）

おうちの方へ　25cm角の紙で折ると横幅が約17.5cmのお面になります。顔に合わせて紙を選びましょう。

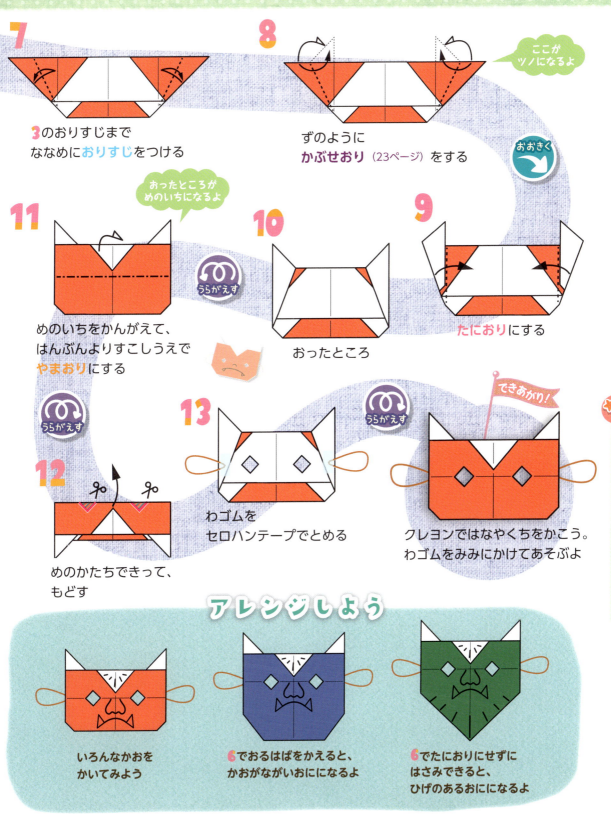

ははのひカーネーション

かんしゃの
きもちをこめて
おかあさんに！

ほかのさくひんといっしょに「ははのひ」に
プレゼントしよう
▶16ページ

作者：宮本眞理子

おりがみ 3まい
よういするもの はさみ・のり

「はな」と「がく」、「くき」の3つのパーツを
くみあわせてつくるよ

はな

1. ずのようにきる。2まいつかうよ
   むきをかえる　おおきく
2. 1まいずつ たにおりにする
3. 1まいを、もう1まいのうえにかさねる
   なかにはいれないよ
   おりかたではなのかたちがかわるよ
4. 2まいいっしょにななめにたにおりにする
   おおきく
5. ○をもって、うちがわのかみをずらす
   ここはずれないようにしよう
6. ずらしたところ
   むきをかえる
7. はなびらをのりでとめよう
   うちがわをのりでとめる
   くみあわせかた（197ページ）へつづくよ

がく

1. ずのようにきる
   おおきく
2. おりすじをつける
   おおきく
3. まんなかまでたにおりにする
   おおきく
4. ずのようにカドをずらしてななめにたにおりにする

おうちの方へ　「がく」は折り重ねていくと折るのが難しくなるので、おうちの方が手伝ってもいいでしょう。

くき

1 ずのようにきる

2 まんなかで おりすじをつける

3 まんなかまで たにおりにする

4 たにおりにする

5 たにおりにし、のりでとめる

6 くみあわせかたへつづくよ

---

5 カドをずらしてななめに たにおりにする

おおきく

6 おったところ

うらがえす

7 ゆびにちからをこめてしっかりおろう
このカドでおろう
カドで やまおりにする

8 くみあわせかたへつづくよ

ははのひのカーネーション

くみあわせかた

1 「がく」を「はな」のうえにかさね、のりでとめる
のりでとめるのがむずかしいときは、セロハンテープをつかおう

2 1を「くき」にかさね、のりでとめる

できあがり！

きせつのおりがみ 197

おかしをくれないと
いたずら
しちゃうぞ！

ジャック・オー・ランタンの おかいれ

ほかのさくひんとくみあわせて「3びきのくま」や
「シンデレラ」、「ハロウィン」をたのしもう
▶14、15、17ページ
作者：丹羽兌子

おりがみ 5まい　**よういするもの**

「ジャック・オー・ランタン」と「ぼうし」、「バッグ（はこ）」、「バッグ（とって）」の4つのパーツをくみあわせてつくるよ

ジャック・オー・ランタン

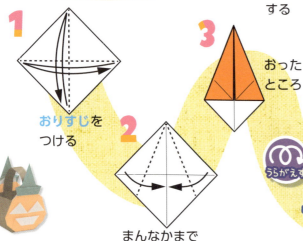

1. おりすじをつける
2. まんなかまでたにおりにする
3. おったところ
4. たにおりにする（うらがえす／むきをかえる）
5. おったところ（おおきく／うらがえす）

6. ○をつまんで7のかたちになるようにひきだす
7. てまえだけたにおりにする
8. おったところ
9. おりすじをつける（うらがえす／むきをかえる）
10. すべてひらく（うらがえす）

「ぼうし」をお子さんが、その他をおうちの方が作るなど、分担して作ってもよいでしょう。

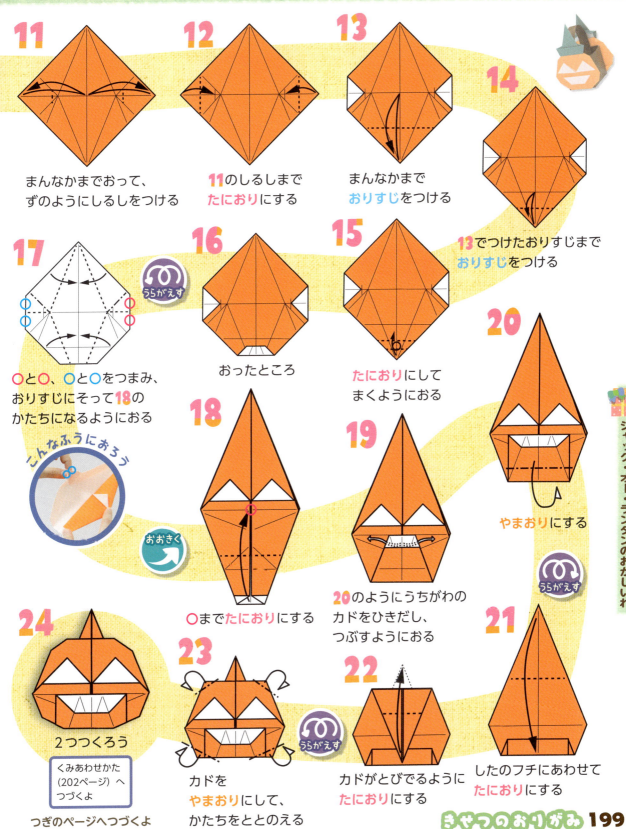

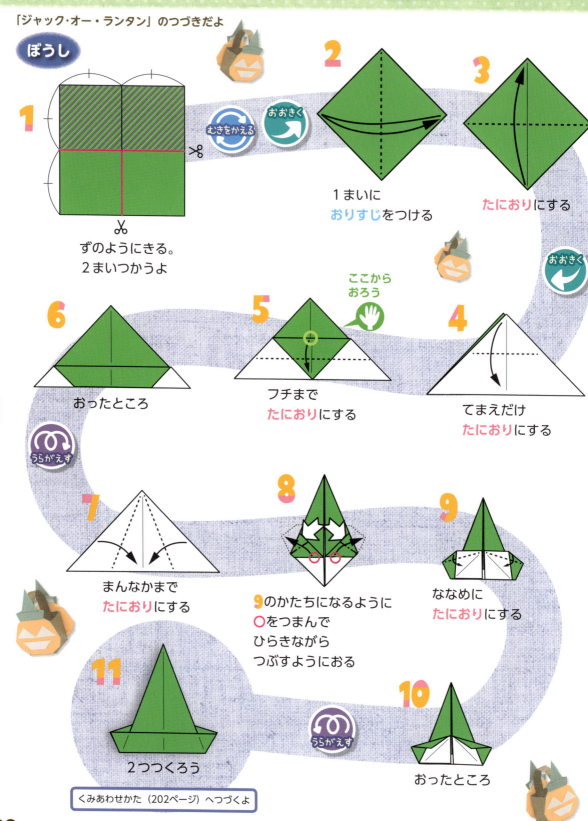

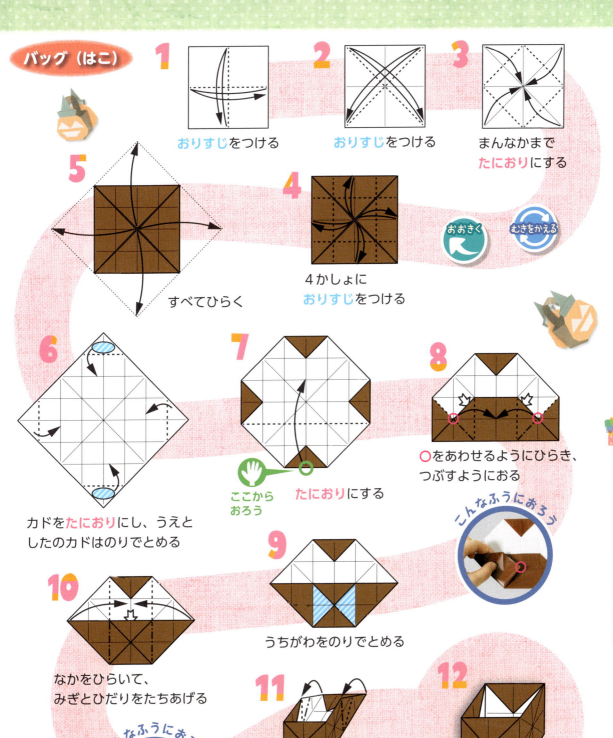

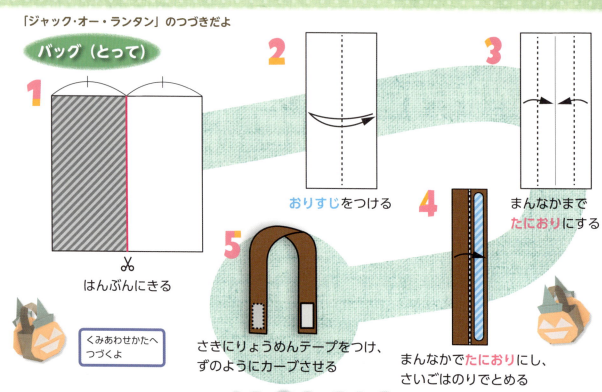

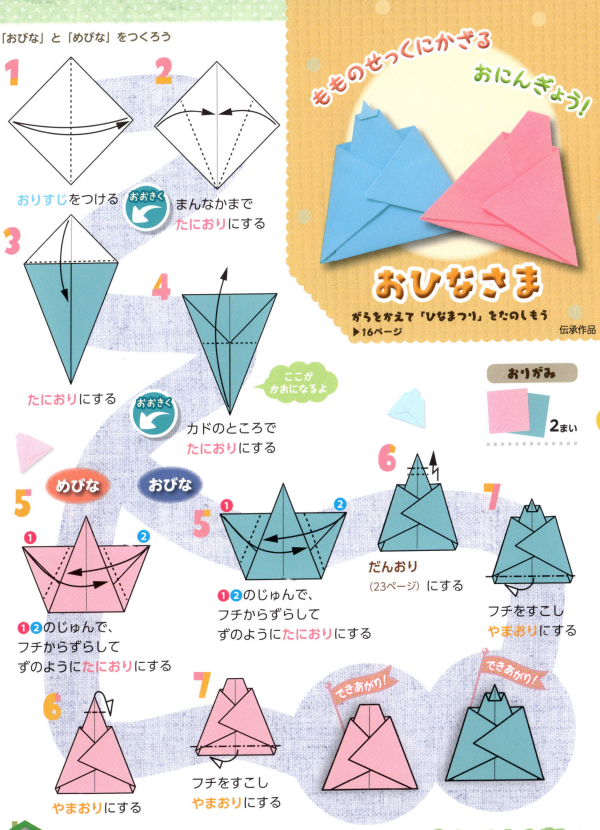

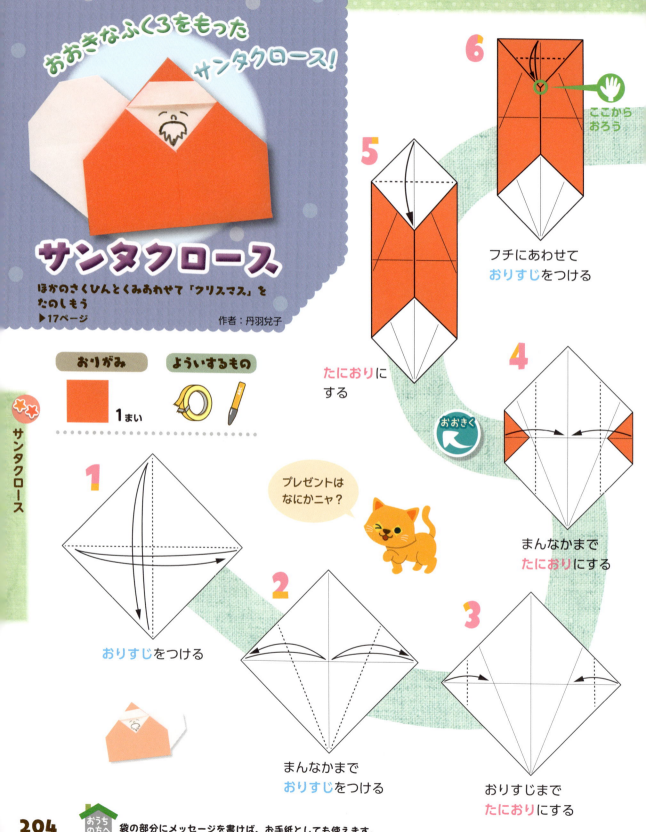

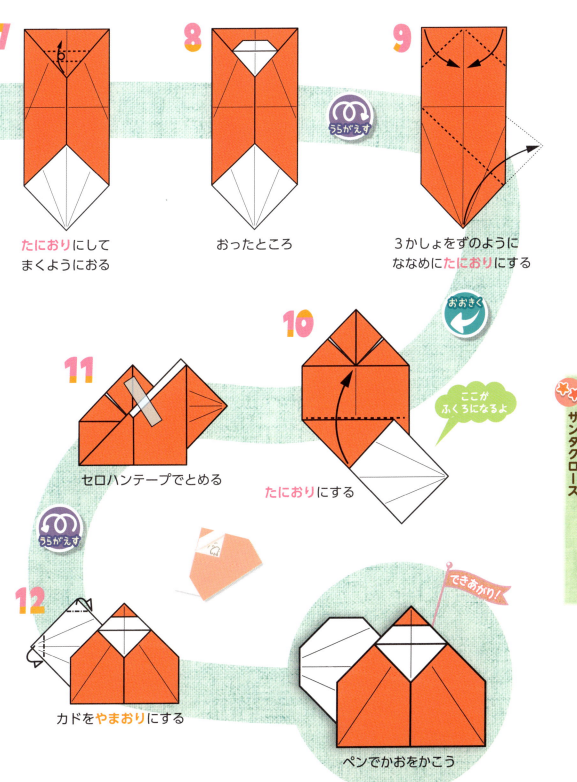

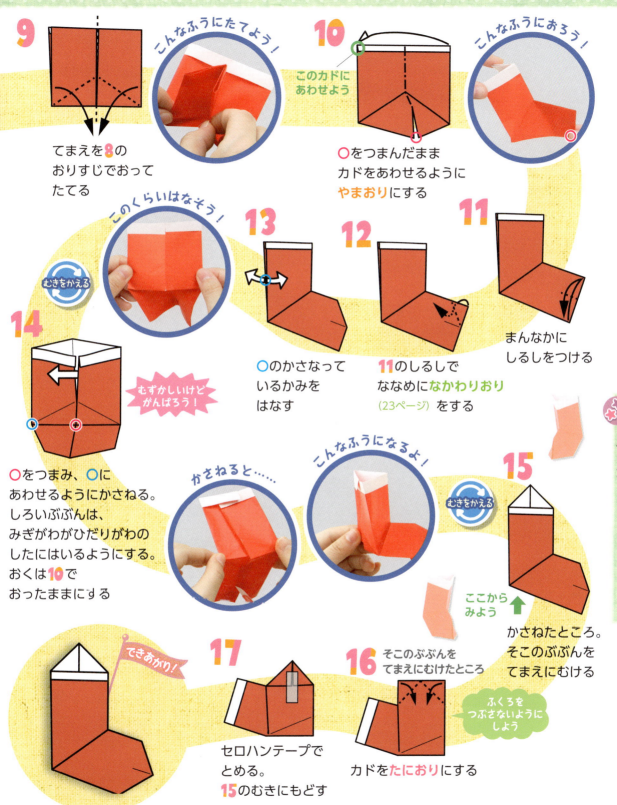

著者紹介

丹羽兌子 (にわたいこ)

愛知県春日井市在住。
折り紙作家、日本折紙協会認定 折紙講師。元幼稚園園長。幼稚園在職中に、園児と折り紙を楽しむうちにその楽しさに気づき、折り紙創作を始めた。幼稚園退職後、アトリエ「さくらぶんこ」を作り、折り紙創作をするかたわら、近隣の子どもたちと遊びや折り紙を楽しみ、自適の日々を送っている。主な著書に、『こどもと一緒に遊べる折り紙』（ブティック社）、『母と子でたのしく遊べるかんたんおりがみ』（ナツメ社）などがある。
ホームページ：
http://www.mb.ccnw.ne.jp/sakurako/papillon/

宮本眞理子 (みやもとまりこ)

長崎県島原市在住。
折り紙作家、日本折紙協会認定 折紙講師、日本折紙学会認定指導員。折り紙ブランド「ORIART」主宰。全国各地で折り紙教室や折り紙イベントなどを開催し、古典折り紙の伝承や、さまざまな素材（和紙や金属の折り紙「おりあみ」など）を用いた創作折り紙の考案に取り組んでいる。1999年から折り紙の点訳本の制作にも携わり、現在も刊行を続けている。主な著書に『暮らしを彩る花の立体折り紙』（ブティック社）がある。
ホームページ：
http://origami-oriart.com/s/wp/

デザイン	有限会社 チャダル
DTP	Studio Porto
折り図制作	丹羽兌子、宮本眞理子、栁北幸子
スタイリング	渥美友理
イラスト	蔦澤あや子
撮影	糸井康友
校正	株式会社 夢の本棚社
編集・制作	株式会社 童夢
企画・編集	成美堂出版編集部（原田洋介・芳賀篤史）

●正誤についてお気づきの場合は、書名・発行日・質問事項（ページ数）・氏名・郵便番号・住所・FAX番号を明記の上、**郵送またはFAXで成美堂出版**までお問い合わせください。
お電話でのお問い合わせはお受けできません。
●本書の正誤に関するご質問以外にはお答えできません。
●ご質問の到着確認後、10日前後で回答を普通郵便またはFAXで発送いたします。

親子でいっしょにつくろう！わくわくおりがみ

著者	丹羽兌子　宮本眞理子
発行者	深見公子
発行所	成美堂出版 〒162-8445　東京都新宿区新小川町1-7 電話(03)5206-8151　FAX(03)5206-8159
印刷	凸版印刷株式会社

©SEIBIDO SHUPPAN 2017　PRINTED IN JAPAN
ISBN978-4-415-32354-1
落丁・乱丁などの不良本はお取り替えします
定価はカバーに表示してあります

- 本書および本書の付属物を無断で複写、複製(コピー)、引用することは著作権法上での例外を除き禁じられています。また代行業者等の第三者に依頼してスキャンやデジタル化することは、たとえ個人や家庭内の利用であっても一切認められておりません。